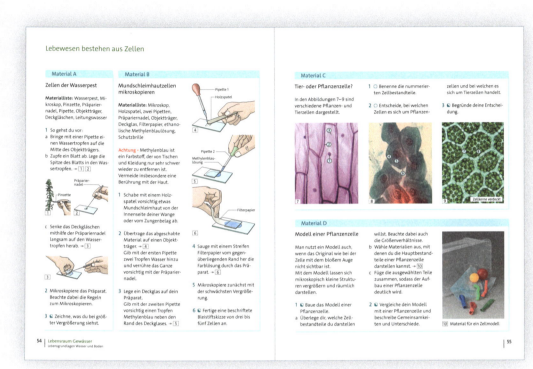

■ **Materialseiten**
… vor allem zum Forschen und Bearbeiten

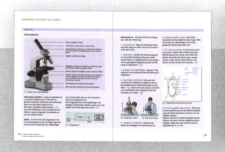

■ **Methodenseiten** zeigen Schritt für Schritt, wie du eine Sache sinnvoll angehst.

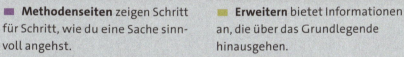

■ **Erweitern** bietet Informationen an, die über das Grundlegende hinausgehen.

Die **Zusammenfassung** gibt einen Überblick über den Lernstoff des Kapitels.

Die Aufgaben auf den **Teste-dich-Seiten** beenden das Kapitel. Sie helfen dir, dein Wissen selbst einzuschätzen. Lösungen und Hilfestellungen findest du im Anhang.

MITTELSCHULE BAYERN

Natur und Technik

Natur und Technik 6

erarbeitet von:

Siegfried Bresler (Enger)
Gonca Gohlke (Münchberg-Poppenreuth)
Jürgen Horbelt (Schweinfurt)
Werner Maier (Gaimersheim)
Karlheinz Pfahler (Roth)
Reinhard Sinterhauf (Hof)
Franz Wimmer (Deggendorf)

Cornelsen

NATUR UND TECHNIK
Natur und Technik 6

Autorinnen und Autoren: Siegfried Bresler (Enger), Gonca Gohlke (Münchberg-Poppenreuth), Werner Maier (Gaimersheim), Reinhard Sinterhauf (Hof), Franz Wimmer (Deggendorf)

Mit Beiträgen von: Volker Abegg, Ulrike Austenfeld, Bernd Heepmann, Michael Jütte, Dr. Erich Kretzschmar, Johanna Kuzewitz, Dr. Jochim Lichtenberger, Dr. Heinz Obst, Cornelia Pätzelt, Norbert Schröder, Wilhelm Schröder, Franz Walz, Ribana Weickenmeier

Unter beratender Mitarbeit von: Jürgen Horbelt (Schweinfurt), Karlheinz Pfahler (Roth)

Redaktion: Thomas Gattermann

Grafik und Illustration: Tobias Dahmen, Rainer Götze, Tom Menzel, Matthias Pflügner

Umschlaggestaltung: SOFAROBOTNIK GbR, Augsburg & München

Layoutkonzept: Jesse Konzept & Text GmbH, Hannover

Layout und technische Umsetzung:
Corngreen GmbH, Leipzig

www.cornelsen.de

Dieses Werk enthält Vorschläge und Anleitungen für Untersuchungen und Experimente. Vor jedem Experiment sind mögliche Gefahrenquellen zu besprechen. Beim Experimentieren sind die Richtlinien zur Sicherheit im naturwissenschaftlichen Unterricht einzuhalten.

1. Auflage, 1. Druck 2018

Alle Drucke dieser Auflage sind inhaltlich unverändert und können im Unterricht nebeneinander verwendet werden.

© 2018 Cornelsen Verlag GmbH, Berlin

Das Werk und seine Teile sind urheberrechtlich geschützt.
Jede Nutzung in anderen als den gesetzlich zugelassenen Fällen bedarf der vorherigen schriftlichen Einwilligung des Verlages. Hinweis zu den §§ 46, 52a UrhG:
Weder das Werk noch seine Teile dürfen ohne eine solche Einwilligung eingescannt und in ein Netzwerk eingestellt oder sonst öffentlich zugänglich gemacht werden. Dies gilt auch für Intranets von Schulen und sonstigen Bildungseinrichtungen.

Soweit in diesem Lehrwerk Personen fotografisch abgebildet sind und ihnen von der Redaktion fiktive Namen, Berufe, Dialoge und Ähnliches zugeordnet oder diese Personen in bestimmte Kontexte gesetzt werden, dienen diese Zuordnungen und Darstellungen ausschließlich der Veranschaulichung und dem besseren Verständnis des Inhalts.

Druck: Mohn Media Mohndruck, Gütersloh

ISBN 978-3-06-010484-0 (Schülerbuch)
ISBN 978-3-06-010508-3 (E-Book)

PEFC zertifiziert
Dieses Produkt stammt aus nachhaltig bewirtschafteten Wäldern und kontrollierten Quellen.
www.pefc.de

Inhaltsverzeichnis

Lebensgrundlagen Wasser und Boden

Wasser – Bedeutung und Eigenschaften 6

Wasser bedeutet Leben	8
Erweitern: Wassermangel – Wasser im Überfluss	12
Erweitern: „Virtuelles Wasser"	13
Eigenschaften des Wassers	14
Wasser – nicht immer flüssig	18
Methode: Ein Liniendiagramm zeichnen	21
Wasser verhält sich nicht normal	22
Erweitern: Sprengstoff – gefrierendes Wasser	25
Wasser wird zersetzt	26
Erweitern: Nutzung von Wasserstoff	29
Elemente und Verbindungen	30
Die chemische Formelsprache	32
Wasserkraftwerke	34
Zusammenfassung	38
Teste dich!	40

Lebensraum Gewässer 42

Gewässer in unserer Landschaft	44
Methode: Die Gewässergüte bestimmen	48
Lebewesen bestehen aus Zellen	50
Methode: Mikroskopieren	52
Einzellige Lebewesen	56
Leben im Wasser	58
Atmen und Schweben unter Wasser	62
Nahrungsbeziehungen in einem Gewässer	66
Erweitern: Raubfische und Friedfische	69
Eingriffe in den Lebensraum	70
Erweitern: Projekt Bachpatenschaft	73
Zusammenfassung und Teste dich!	74

Stoffkreislauf und Boden 76

Nahrungsbeziehungen im Wald 78
Die Fotosynthese 82
In der Natur gibt es keinen Abfall 86
  Erweitern: Der „Leichenbestatter" der Kleintierwelt 89
Der Boden lebt 90
  Methode: Tiere beobachten 94
Der Aufbau des Bodens 96
Der Boden – ein kostbares Gut 98
  Erweitern: Vielfalt der Bodenarten 101
Bodengefährdungen und Bodenschutz 102
Zusammenfassung und Teste dich! 106

▶ Mensch und Gesundheit

Pubertät und vorgeburtliche Entwicklung 108

Erwachsen werden 110
Vom Jungen zum Mann 112
Vom Mädchen zur Frau 116
Ein Kind entsteht 120
Möglichkeiten der Empfängnisverhütung 124
  Erweitern: Ungewollt schwanger – was nun? 126
  Erweitern: Kondome schützen auch vor
            einigen Krankheiten 127
Vom Ja- und Neinsagen 128
Zusammenfassung und Teste dich! 132

Materie, Stoffe und Technik

Kraft und Arbeit — 134

Was Kräfte bewirken	136
Kräfte messen	138
Methode: Kräfte messen mit dem Kraftmesser	139
Erweitern: Weltmeister im Gewichtheben	141
Auf dem Mond ist alles leichter	142
Die Reibungskraft	144
Die Arbeit	146
Kleine Kraft – große Wirkung	150
Kraft und Weg	154
Zusammenfassung	158
Teste dich!	160

Bewegung — 162

Die Geschwindigkeit	164
Erweitern: Der Fahrradtacho	167
Mit Geschwindigkeiten rechnen	168
Verschiedene Bewegungen	170
Reagieren und bremsen	174
Vorsicht beim Bremsen und Kurvenfahren	176
Gefahren vermeiden im Straßenverkehr	180
Zusammenfassung und Teste dich!	184

Anhang — 186

Verhalten im Fachraum	186
Teste dich! – Lösungen und Hilfestellungen	188
Tabellen	193
Nachweismethoden	194
Operatoren	196
Stichwortverzeichnis	197
Verzeichnis der Bild- und Textquellen	200

Wasser – Bedeutung und Eigenschaften

Ohne Wasser können wir nicht lange überleben. Wir müssen täglich etwa 1,5 Liter Wasser trinken.

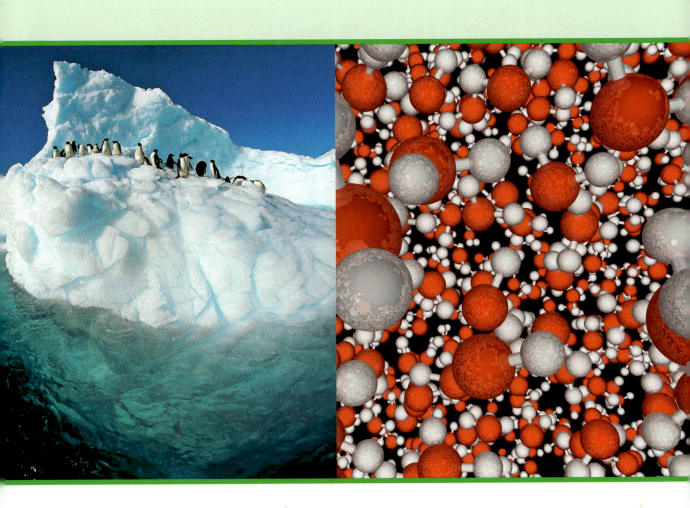

Wasser hat besondere Eigenschaften. Dass Eis auf Wasser schwimmt, ist gut für Pinguine und gefährlich für die Schifffahrt.

Wasser besteht aus kleinsten Teilchen. Wie können wir sie uns vorstellen? Kann man diese Teilchen noch weiter aufspalten?

Wasser bedeutet Leben

1 Wassernutzung für viele Zwecke

Materialien zur Erarbeitung: A–C

2 „Virtuelles Wasser" im Papier

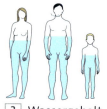

3 Wassergehalt: zwei Drittel

Pro Tag verbraucht jeder von uns in Deutschland 122 Liter Trinkwasser – das entspricht etwa der Füllung einer Badewanne.

Wasserverbrauch • Für viele Vorgänge im Alltag benötigen wir Wasser. → 1 Auch bei der Herstellung von Nahrungsmitteln und Industrieprodukten wird viel Wasser verbraucht. Man spricht in diesem Zusammenhang von „virtuellem Wasser", weil es nur in der Vorstellung und nicht in Wirklichkeit in den Produkten enthalten ist. Im Papier dieser Buchseite „stecken" etwa 10 Liter „virtuelles Wasser". → 2

Wasser ist Lebensmittel • Lebewesen enthalten viel Wasser. Der Mensch besteht zu etwa zwei Dritteln aus Wasser. Wenn du 45 kg wiegst, dann stecken also 30 Liter Wasser in dir. → 3
Mit dem Schweiß, mit dem Urin und beim Atmen verliert der Körper täglich ca. 2–2,5 Liter Wasser. Bei großer Hitze oder körperlicher Anstrengung kann es auch deutlich mehr sein. Das Wasser müssen wir dem Körper wieder zuführen. Deshalb sollten wir täglich zumindest etwa 1,5 Liter Wasser trinken. Die restliche Flüssigkeit nehmen wir mit der Nahrung auf.
Der Mensch kann nur wenige Tage ohne Wasser überleben.
Auch die Pflanzen brauchen dringend Wasser: Ohne Wasser könnten sie keine Nährstoffe produzieren.

Wasser ist Transportmittel • Das Blut in deinem Körper besteht zum großen Teil aus Wasser. Damit werden viele Nährstoffe und auch der Sauerstoff in

Wasser – Bedeutung und Eigenschaften
Lebensgrundlagen Wasser und Boden

das „virtuelle Wasser"
das Süßwasser

deinem Körper transportiert. Das Blut ist außerdem für den Wärmetransport im Körper verantwortlich.
Auch in Pflanzen werden mit dem Wasser Nährstoffe transportiert.

Wasser ist Lebensraum • Wasser bedeckt ungefähr drei Viertel der Oberfläche der Erde. Unzählige Tiere und Pflanzen leben an oder in Seen, Flüssen und Ozeanen. → 4

Wasser führt Energie mit • Schon vor Jahrhunderten wurden Wasserräder in Mühlen betrieben. → 5 Mit der Energie des Wassers wurden zum Beispiel große Mühlsteine angetrieben, um Korn zu mahlen. Heute wird in Wasserkraftwerken elektrische Energie gewonnen.

Wasser ist kostbar • Das Wasser der Ozeane ist salzig. Menschen können es nicht trinken. Nur etwa ein Dreißigstel des Wassers der Erde ist Süßwasser, das wenig oder gar kein Salz enthält.
In vielen Ländern ist Trinkwasser knapp. Diese Gefahr besteht auch bei uns. Deswegen sollten wir möglichst wenig Wasser verbrauchen und darauf achten, das Wasser nicht durch Schadstoffe wie zum Beispiel Mineralöl zu verschmutzen.
In der Freizeit erholen wir uns gerne am oder im Wasser. Das macht aber nur bei sauberem Wasser Spaß. → 6

| Ohne Wasser können Menschen, Tiere und Pflanzen nicht leben.

4 Lebensraum Wasser: Graureiher am Seeufer

5 Wassermühle (Oberbayern)

6 Erholung am Walchensee

Aufgaben

1 ○ Gib an, wozu du Wasser brauchst.

2 ◐ Bei Naturkatastrophen kümmern sich Hilfsorganisationen zunächst oft um die Versorgung mit Trinkwasser. Begründe.

3 ◐ Beschreibe die Folgen, die eine lange Trockenheit für das Leben auf der Erde hätte.

Wasser bedeutet Leben

Material A

Wasserverkostung

Materialliste: 1 Trinkglas für jede Testperson, 3 Sorten Mineralwasser (mit viel Sprudel, mit wenig Sprudel, still), 2 Sorten Leitungswasser (frisch, 1 Tag abgestanden), 5 gleiche Flaschen

Die 5 Flaschen werden mit den verschiedenen Wassersorten gefüllt und mit A–E markiert.

1 Alle Testpersonen probieren die Wassersorten.

2 ○ Notiert euch besondere Merkmale auf einem Laufzettel. → 1

3 ◐ Diskutiert in der Klasse, welche der Sorten am besten schmeckt. Findet das beliebteste Wasser heraus.

Flasche	Besondere Merkmale	Geschmack ☺ ☺ ☹
A	sprudelnd, erfrischend, rein	☺
B	?	?

1 Muster für einen Laufzettel

Material B

Wasser in Lebensmitteln

1 ○ „Wer isst, gibt seinem Körper auch zu trinken." Erkläre diese Aussage. Nutze dabei die Tabelle. → 2

2 Beim Frühstück hast du zu dir genommen: zwei Scheiben Vollkornbrot (100 g), 25 g Butter, ein Ei (60 g), einen Apfel (150 g) und 200 g Milch.
◐ Berechne, wie viel Wasser du deinem Körper mit dem Frühstück zugeführt hast. → 2

Nahrungsmittel (100 g)	Wassergehalt in g
Gurken	96
Tomaten	95
Erdbeeren	90
Kuhmilch	87
Äpfel	84
Hühnereier	74
Vollkornbrot	44
Gouda	40
Butter	15
Knäckebrot	7
Erdnüsse	2

2 Wasser in Nahrungsmitteln

Material C

Um wie viel leichter wird die Kartoffel?

Materialliste: große Kartoffel, Haushaltswaage, Messer, Schneidebrett, Küchentuch

1 So gehst du vor:
a Schneide die Kartoffel in dünne Scheiben. → 3

3

b Wiege auf der Haushaltswaage genau 100 g der Kartoffelscheiben ab.
c Breite ein Küchentuch auf der Heizung aus. Lege die abgewogenen Kartoffelscheiben auf das Tuch und lasse sie dort zwei Tage.
d Wiege die Kartoffelscheiben erneut.

2 ○ Berechne den Gewichtsunterschied.

3 ◐ Erkläre das Ergebnis von Aufgabe 2.

Material D

Tiere am und im Wasser

1 Die Bilder zeigen Tiere, die am oder im Wasser leben. → 4 – 9
   a ○ Benenne die Tiere, die du sicher kennst. Versuche dann, die Namen der restlichen Tiere zu bestimmen.
   b ◐ Ordne die Tiere ihrem Lebensraum zu: Bach, See, Fluss, Meer und Ufer. Es können auch mehrere Lebensräume passen.

Material E

Wasserverbrauch zu Hause

1 Lass dir von deinen Eltern erklären, wie du zu Hause den Wasserzähler abliest.
   a ○ Lies den Wasserzähler zweimal im Abstand mehrerer Tage ab. Notiere die abgelesenen Werte.
   b ◐ Bestimme den Wasserverbrauch pro Person und Tag. Teile dazu den Gesamtverbrauch durch die Anzahl der Tage und die Anzahl der Personen bei dir zu Hause.

2 ◐ Du willst den Wasserverbrauch deiner Schule pro Person und Tag bestimmen. Beschreibe, wie du vorgehst.

Material F

Wofür wir Wasser verbrauchen

1 ○ Gib an, wofür wir im Durchschnitt am meisten und am wenigsten Wasser pro Tag benötigen. → 10

2 ◐ Schreibe auf, wofür du heute schon Wasser verbraucht hast.

3 ● Fertige ein Plakat an zum Thema „Wasser sparen in der Schule".

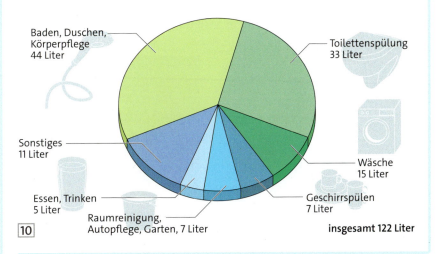

Baden, Duschen, Körperpflege 44 Liter — Toilettenspülung 33 Liter — Sonstiges 11 Liter — Wäsche 15 Liter — Essen, Trinken 5 Liter — Geschirrspülen 7 Liter — Raumreinigung, Autopflege, Garten, 7 Liter — insgesamt 122 Liter

Wasser bedeutet Leben

Erweitern

Wassermangel – Wasser im Überfluss

[1] Der Blaue Planet

Wasser – ungleich verteilt • Die blauen Flächen im Satellitenfoto zeigen es: Unser Planet wird zum großen Teil von Wasser bedeckt. → [1] Und dennoch sterben jährlich Tausende Menschen, weil sie keinen Zugang zu sauberem Trinkwasser haben. Todesursachen sind Austrocknung oder Infektionskrankheiten. Der Wassermangel hat mehrere Gründe:
- 97 % des Wassers der Erde befindet sich in den Ozeanen. → [2] Es enthält so viel Salz, dass wir Menschen es nicht trinken können.

Den Rest von 3 % bildet Süßwasser. Man findet es in der Luft, im ewigen Eis, als Grundwasser im Boden, in Seen und in Flüssen.
- Auch auf den Landflächen ist das Wasser ungleich verteilt. In Bayern regnet es häufig, es gibt viele Flüsse und Seen. Viele Gebiete der Erde sind dagegen Wüsten. Die braunen Flächen zeigen es. → [1] Dort regnet es jahrelang nie. Doch selbst in Wüsten gedeiht vieles, wenn es Süßwasser gibt. → [3]

Kampf gegen Wassermangel • Mit hohem Aufwand beschafft man Trinkwasser für Trockengebiete. In Entsalzungsanlagen gewinnt man unter hohem Energieeinsatz Trinkwasser aus Meerwasser. Das Salz wird dabei abgetrennt. Andernorts pumpt man Trinkwasser über Hunderte von Kilometern durch Rohrleitungen oder man gewinnt mit Netzen Feuchtigkeit aus der Luft. → [4]

Aufgabe

1 ◯ Erkläre, was Süßwasser ist. Gib auch an, wo man es findet. → [2]

[2] Wasserverteilung (Erde)

[3] Oase in der Wüste (Libyen)

[4] Sammelnetz für Wasser

Erweitern

„Virtuelles Wasser"

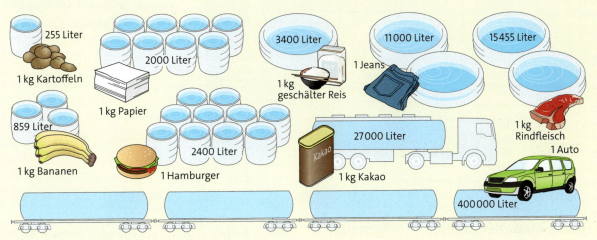

5 „Virtuelles Wasser" in vielen Produkten

Wasserverbrauch in der Produktion • In Deutschland gehen wir heutzutage sparsam mit Wasser um. Wir verbrauchen pro Kopf nur 122 Liter Wasser pro Tag zum Trinken, zum Kochen, zum Reinigen und zur Körperpflege. Vor einigen Jahren war das noch viel mehr. Doch das ist noch nicht alles. Die Banane zum Frühstück oder deine Jeans wurden unter Verwendung von viel Wasser produziert. → 5
Wenn man dieses „virtuelle Wasser" miteinbezieht, dann beträgt der tägliche Verbrauch pro Person mehr als 4000 Liter Wasser! Wie kommt es zu dieser hohen Zahl?
- Obst- und Gemüsepflanzen müssen bewässert werden, wenn der Regen nicht ausreicht. → 6
- Die Baumwollpflanzen für den Stoff deiner Jeans wachsen nur in heißen Gebieten und müssen stark bewässert werden. Auch beim Färben und Waschen wird viel Wasser benötigt.

Aufgaben

1 ○ Vergleiche, wie viel Wasser für die einzelnen Produkte verbraucht wird. → 5

2 ◐ Erkläre, wofür bei der Produktion einer Jeans Wasser benötigt wird.

3 ● Entwirf ein Infoblatt zum Thema „Wie kann ich durch mein Verhalten den Wasserverbrauch senken?". → 5

6 Apfelbäume werden bewässert.

Eigenschaften des Wassers

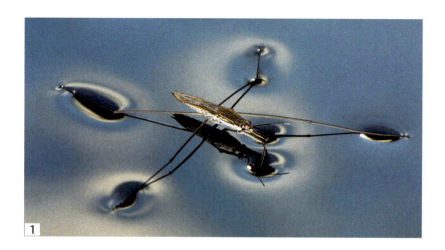

Wasserläufer haben winzige Härchen an den Enden der Beine. Mit ihrer Hilfe bewegen sie sich rasch auf der Wasseroberfläche vorwärts.

Materialien zur Erarbeitung: A–E

Material A

Geht die Klammer unter?

Materialliste: Petrischale, Filter- oder Küchenpapier, Büroklammern, Spülmittel, Wasser

1 Die Petrischale ist etwa zur Hälfte mit Wasser gefüllt.
a Lege ein Stück Filterpapier auf die Wasseroberfläche und dann sofort eine Büroklammer auf das Papier.
b Beobachte genau, was passiert.

2 Nimm einen Tropfen Spülmittel mit Filterpapier auf. Tupfe damit vorsichtig auf die Wasseroberfläche.
a ○ Beschreibe deine Beobachtung.
b ● Wie könnte sich die Beobachtung erklären lassen? Stelle eine Vermutung auf.

Material B

Schmelz- und Siedepunkt

Materialliste: Gasbrenner, Dreifuß, Keramikdrahtnetz, Becherglas (250 ml), elektronisches Thermometer mit Messfühler (–10 °C bis 120 °C), Klemme, Stativ, Wasser, Eiswürfel, Glasstab, Schutzbrille, -handschuhe

Achtung • Siedendes Wasser: Verbrühungsgefahr! Informiere dich im Anhang über die Sicherheitsregeln beim Umgang mit dem Gasbrenner. Schutzbrille tragen!

1 Schmelzpunkt bestimmen
a Gib einige Eiswürfel in das Becherglas und fülle mit Wasser auf. Rühre gut mit dem Glasstab um.
b ○ Halte den Messfühler in die Eisschicht. Miss die Temperatur und notiere sie.

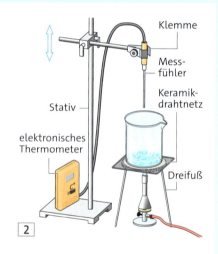

2 Siedepunkt bestimmen
a Schütte Eiswasser aus, bis das Wasser nur noch 2 cm hoch im Becherglas steht.
b Baue den Versuch auf. → 2
c Erhitze mit dem Gasbrenner, bis das Wasser siedet.
d ○ Stelle die Klemme am Stativ so ein, dass der Messfühler knapp über dem Wasser endet. Notiere die Temperatur.

Material C

Wasser löst Gase

Materialliste: Becherglas (250 ml), Leitungswasser

1 Fülle das Glas mit kühlem Leitungswasser und stelle es in die Sonne.
Betrachte das Glas sofort und nach etwa 30 Minuten.
a ○ Notiere, was du beobachtest.
b ◐ Deute deine Beobachtungen. → 3

2 ● Fische atmen Sauerstoff, der in Wasser gelöst ist. Erläutere die Bedeutung der Wassertemperatur für die Atmung der Fische. → 3

Wasser-temperatur	Sauerstoff in 100 l Wasser
0 °C	1,46 g
5 °C	1,27 g
10 °C	1,13 g
15 °C	1,01 g
20 °C	0,91 g
25 °C	0,83 g
30 °C	0,76 g

3 So viel Sauerstoff löst sich bei verschiedenen Temperaturen in 100 l Wasser (etwa 100 l Wasser passen in eine Badewanne).

Material D

Leitfähigkeit

Materialliste: Batterie (4,5V), Glühlampe (3V) mit Fassung, Experimentierkabel, 4 Krokodilklemmen, Becherglas, Bügelwasser aus der Drogerie, Salz

1 Baue den Versuch auf. → 4 Lass dir von deiner Lehrerin oder deinem Lehrer helfen.

2 ○ Leuchtet die Glühlampe? Notiere deine Beobachtung.

3 ○ Gib Salz hinzu und beobachte erneut.

4

Material E

Teebeutel im Wasser

Materialliste: 2 Becher- oder Teegläser, 2 Teebeutel, heißes und kaltes Wasser, Schutzhandschuhe, Smartphone

Achtung • Heißes Wasser: Verbrühungsgefahr!

1 Ein Becherglas ist mit kaltem Wasser aus der Leitung, das andere mit heißem Wasser gefüllt.
○ Hänge in jedes Becherglas einen Teebeutel und beobachte genau, was passiert. Nimm auch Fotos oder ein Video der beiden Bechergläser auf.

2 ◐ Was könnte die Ursache für das Versuchsergebnis sein?
Stelle eine Vermutung an.

Material F

Stoffsteckbrief

1 ◐ Erstelle einen Stoffsteckbrief von Wasser. Tipps:
• Sammle Informationen über die Eigenschaften des Wassers und wähle die wichtigsten für deinen Steckbrief aus.
• Lege eine Gliederung fest und finde sinnvolle Bezeichnungen für die Eigenschaften.
• Ergänze deinen Steckbrief mit interessanten Fotos.

2 ◐ Präsentiere deinen Steckbrief vor der Klasse.

Eigenschaften des Wassers

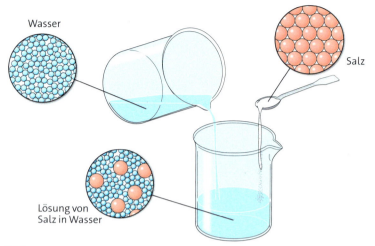

1 Salz lösen im Teilchenmodell

3 4 Tinte löst sich, Speiseöl nicht

Feste Stoffe lösen sich in Wasser • Beim Kochen von Nudeln gibt man Salz ins Wasser. Nach kurzer Zeit ist es scheinbar verschwunden: Es hat sich aufgelöst. → 1 Erst wenn das Wasser verdampft, werden die Salzkristalle im Topf wieder sichtbar.
Salz löst sich wie viele Stoffe gut in Wasser. Andere Stoffe lösen sich weniger gut oder gar nicht in Wasser. → 2 Den Lösevorgang kann man beschleunigen, indem man den Feststoff zerkleinert und die Lösung gut umrührt. Die meisten Feststoffe lösen sich mit steigender Temperatur besser.

Flüssigkeiten lösen sich in Wasser • Nicht nur feste Stoffe können sich in Wasser lösen, sondern auch Flüssigkeiten. Tinte ist eine Flüssigkeit, die sich gut in Wasser löst. → 3 Auch hier verteilen sich die Tintenteilchen zwischen den Wasserteilchen.
Nicht jede Flüssigkeit löst sich in Wasser. Speiseöl zum Beispiel schwimmt auf der Wasseroberfläche. → 4

Gase lösen sich in Wasser • Zum Atmen benötigt man gasförmigen Sauerstoff. Er ist ebenfalls in Wasser löslich. Die Fische atmen den gelösten Sauerstoff mithilfe ihrer Kiemen.
Gase lösen sich besser bei niedrigen Temperaturen. → 5

Stoff	So viel löst sich in 100 g Wasser bei 20 °C
Zucker	203,9 g
Kochsalz	36,0 g
Gips	0,26 g
Kalkstein	0,0015 g

2 Löslichkeit verschiedener fester Stoffe in Wasser

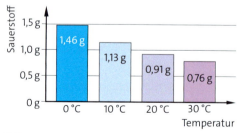

5 So viel Sauerstoff löst sich in 100 l Wasser bei verschiedenen Temperaturen.

die Oberflächen-
spannung

Wasser leitet Elektrizität • Wenn ein Gewitter naht, musst du im Schwimmbad das Wasser verlassen. Du bist nicht nur durch einen direkten Blitzschlag gefährdet. Es besteht auch Gefahr, wenn ein Blitz in großer Entfernung ins Wasser einschlägt. → 6 Das Wasser würde die Elektrizität „blitzschnell" zu dir leiten!
Aber wird die Elektrizität wirklich vom Wasser geleitet? Wasser ist nur dann leitfähig, wenn beispielsweise Salzteilchen darin gelöst sind.

Wasser hat eine Haut • Dass ein Wasserläufer auf dem Wasser herumflitzen kann und eine Büroklammer nicht untergeht, liegt an den Wasserteilchen. → 7 Sie halten so fest zusammen, dass sie an der Oberfläche eine „Haut" bilden. Man spricht von Oberflächenspannung.
Ein Tropfen Spülmittel zerstört den Zusammenhalt der Teilchen – die Büroklammer geht dann unter.

Wasser – fest, flüssig, gasförmig • Du hast bereits die Celsiusskala kennengelernt. Sie wird von zwei Eigenschaften des Wassers bestimmt: dem Schmelzpunkt und dem Siedepunkt.

> Viele feste Stoffe, Flüssigkeiten und Gase lösen sich gut in Wasser.
> Wasser leitet Elektrizität.
> Wasser hat eine Oberflächenspannung.
> Der Schmelzpunkt von Wasser liegt bei 0 °C, der Siedepunkt bei 100 °C.

6 Blitzeinschlag in einem See

7 Schwimmende Büroklammer

Aufgaben

1 ○ Wähle die Stoffe aus, die sich in Wasser lösen: Holz, Salz, Öl, Zucker, Eisen, Brausepulver, Gips, Tinte, Sand, Spülmittel.

2 Im Wasser von Seen und Flüssen ist Sauerstoff gelöst.
a Gib an, in welcher Jahreszeit der Sauerstoffanteil in Gewässern besonders gering ist.
b Erkläre, was das für die Fische in einem Gewässer bedeuten kann.

3 Lebensgefahr! Erkläre, warum man bei Gewitter nicht baden sollte.

4 Wasser gefriert genau bei 0 °C und siedet bei 100 °C. Ist das ein Zufall? Erkläre den Zusammenhang.

Wasser – nicht immer flüssig

1 Eis schmilzt.

Wassertröpfchen
Wasserdampf

2 Wasser verdampft – Dampf kondensiert.

3 Wasser gefriert.

Viermal Wasser, das seinen Zustand ändert – oder gleich ändern wird

Fest – flüssig – gasförmig • Feste Eiswürfel schmelzen in einem Glas Tee rasch zu flüssigem Wasser. → 1
Das Wasser im Teekessel wird erhitzt. Es siedet zu gasförmigem Wasserdampf, der sich mit der Luft vermischt. → 2 Erst wenn der Wasserdampf abkühlt, wird das Wasser wieder flüssig und sichtbar – als Tröpfchen an einem Topfdeckel oder in einer Wolke. → 2

Flüssiges Wasser gefriert an kalten Wintertagen zu festem Eis. → 3

Zustandsänderungen • Die Zustände fest, flüssig und gasförmig nennt man auch Aggregatzustände.
Wasser ist unter 0 °C festes Eis. → 4
Wenn es erwärmt wird, erreicht es bei 0 °C seine Schmelztemperatur. Es wird flüssig. Erwärmt man das flüssige Wasser weiter, erreicht es seine Siedetemperatur von 100 °C. Das Wasser verdampft dann und wird gasförmig.

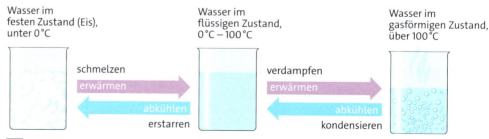

4 Zustandsänderungen von Wasser

die Zustandsänderung
das Teilchenmodell
kondensieren
verdampfen

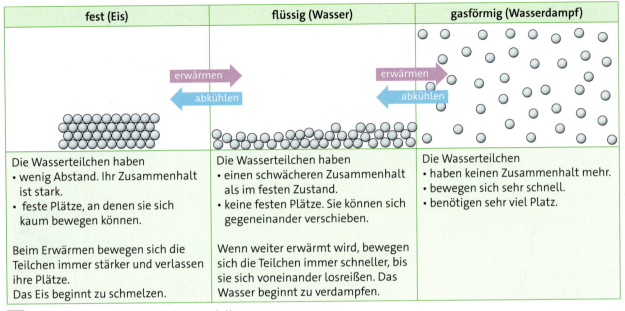

5 Aggregatzustände im Teilchenmodell

Wenn man Wasserdampf abkühlt, dann wird er beim Erreichen der Siedetemperatur flüssig. Man sagt: Der Wasserdampf kondensiert. Flüssiges Wasser erstarrt beim Erreichen der Schmelztemperatur und wird fest.

Der Aggregatzustand von Wasser ändert sich mit der Temperatur. Die Zustandsänderungen nennt man:
fest → flüssig: schmelzen
flüssig → gasförmig: verdampfen
gasförmig → flüssig: kondensieren
flüssig → fest: erstarren

Teilchenmodell • Wir stellen uns vor, dass Wasser aus kugelförmigen Teilchen besteht. Sie sind unveränderlich und so winzig, dass man sie auch unter dem Mikroskop nicht sehen kann. Die Wasserteilchen bewegen sich bei niedriger Temperatur nur wenig. Je höher die Temperatur steigt, desto stärker bewegen sich die Teilchen. → 5

Wir stellen uns die Wasserteilchen als kleine Kugeln vor.
Je höher die Temperatur ist, umso schneller bewegen sich die Teilchen und umso mehr Platz nehmen sie ein.

Aufgaben

1 ○ Nenne die drei Aggregatzustände.

2 ○ Nenne die Zustandsänderungen:
a die beim Erhitzen eines anfangs festen Stoffs auftreten.
b die beim Abkühlen eines anfangs gasförmigen Stoffs auftreten.

3 ○ Zeichne mithilfe des Teilchenmodells, wie Wasser verdampft.

Wasser – nicht immer flüssig

Material A

Eiswasser erhitzen

Wenn ihr Eiswasser erhitzt, schmilzt das Eis und die Temperatur steigt. Aber wie hoch?

Achtung • Siedendes Wasser: Verbrühungsgefahr! Beachtet die Sicherheitsvorkehrungen beim Umgang mit dem Gasbrenner!

Materialliste: Gasbrenner, Dreifuß, Keramikdrahtnetz, Becherglas (400 ml), digitales Thermometer, Glasrührstab, Stoppuhr, Eiswürfel

Zeit nach dem Einschalten	Wassertemperatur	Beobachtungen
0 s	? °C	?
30 s	? °C	?
60 s	? °C	?

1 Mustertabelle

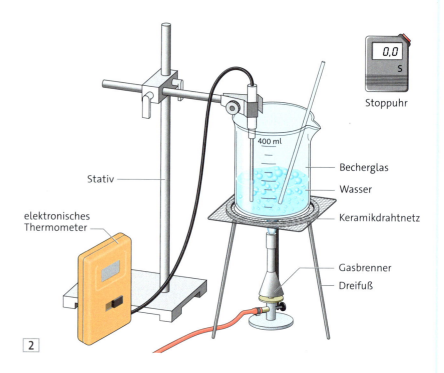

2

1 Legt eine Tabelle an, in die ihr später eure Messwerte und Beobachtungen eintragen könnt. → 1

2 Gebt 5 Eiswürfel und 150 ml kaltes Wasser in das Becherglas und rührt gut um.

3 Messt die Temperatur und wartet, bis die Anzeige stillsteht. Tragt den Messwert in die Tabelle ein.

4 Stellt das Becherglas auf das Keramikdrahtnetz. Entzündet den Gasbrenner und schiebt ihn unter das Becherglas. → 2 Startet die Stoppuhr.

5 Lest alle 30 Sekunden die Temperatur ab und tragt sie in eure Tabelle ein. Vergesst nicht, weiter umzurühren.

6 Irgendwann siedet das Wasser. Messt danach noch 2–3 Minuten weiter und tragt die Messwerte in die Tabelle ein.

7 Tabelle
a ○ Lest aus eurer Tabelle ab, wie heiß das Wasser wird.
b ◐ Stieg die Temperatur gleichmäßig an? Beschreibt den Temperaturverlauf.
c ● Findet heraus, zu welchen Zeiten die Temperatur am wenigsten und zu welchen Zeiten sie am meisten anstieg.

das Liniendiagramm

Methode

Ein Liniendiagramm zeichnen

Zeit nach dem Einschalten in s	0	30	60	90	120	150	180	210	240	270	300	330
Wassertemperatur in °C	0	3	6	22	35	48	60	71	85	97	100	100

3 Aufzeichnung der Messwerte

Wenn du Wasser erhitzt und dabei regelmäßig die Temperatur abliest, erhältst du ähnliche Messwerte wie in der Tabelle. → 3
So gehst du vor, um diese Messwerte in einem Liniendiagramm aufzuzeichnen: → 4

1. Achsen zeichnen Zeichne mit Bleistift und Lineal die Achsen auf Kästchenpapier. Schreibe an jede Achse die Größe und die Einheit: Hochwertachse (senkrecht): Temperatur in °C; Rechtswertachse (waagerecht): Zeit in s.

2. Messpunkte eintragen Suche zunächst einen Messwert auf der Rechtswertachse (z. B. 120 s). Ziehe eine dünne Hilfslinie nach oben. Suche dann auf der Hochwertachse den zugehörigen Messwert der Temperatur (35 °C). Zeichne eine Hilfslinie waagerecht nach rechts. Mache am Schnittpunkt der Linien ein Kreuz. Radiere die Hilfslinien am Ende wieder aus.

3. Messpunkte verbinden Verbinde die Messpunkte mit einem Lineal.

Aufgabe

1 ◐ Erstelle ein Liniendiagramm aus deiner Messwerttabelle von Material A.
a Lies aus deinem Diagramm die Temperatur nach 45 s und nach 225 s ab.
b Lies aus deinem Diagramm ab, wann die Temperatur wenig oder gar nicht steigt.
c Beschreibe, was zu diesen Zeiten im Becherglas passiert.
d Nenne die Vorteile, die ein Diagramm gegenüber einer Tabelle bietet.

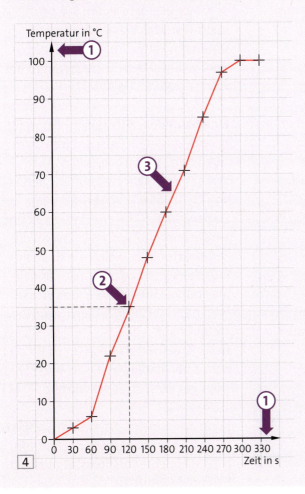

4

Wasser verhält sich nicht normal

1 Fisch unter dem Eis

Materialien zur Erarbeitung: A–B

Wie überleben die Fische im zugefrorenen See? Wieso schwimmt das Eis oben auf dem Wasser?

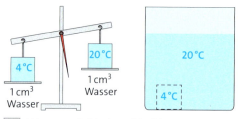

2 Wasser wird beim Abkühlen schwerer.

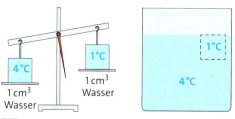

3 Bei 4 °C ist Wasser am schwersten.

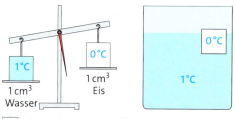

4 Eis ist leichter als flüssiges Wasser.

Wassertemperaturen im See • Wer im Sommer in einem tiefen See taucht, stellt fest: Das Wasser wird nach unten hin kälter. Im Winter dagegen wird es unter dem Eis nach unten hin wärmer. Woran liegt das?

Eine besondere Flüssigkeit • Du weißt bereits, dass sich Flüssigkeiten beim Abkühlen zusammenziehen. Auch Wasser zieht sich zusammen, wenn es von 20 °C auf 4 °C abgekühlt wird. Dabei wird es schwerer. In Gewässern sinkt es nach unten. → 2 Wenn die Temperatur aber weiter sinkt, dehnt sich das Wasser wieder aus – anders als andere Flüssigkeiten. Das Wasser wird dabei leichter. In Gewässern steigt es auf. → 3
Bei 0 °C gefriert das Wasser zu Eis und dehnt sich dabei aus. Eis ist leichter als flüssiges Wasser, es schwimmt. → 4

> Wasser von 4 °C ist am schwersten. Es sinkt in Gewässern nach unten. Eis ist leichter als flüssiges Wasser. Eis schwimmt auf dem Wasser.

See im Sommer • Die warme Luft und die Sonneneinstrahlung erwärmen das Wasser an der Oberfläche des Sees. Beim Erwärmen dehnt es sich aus und wird damit leichter. Das warme Wasser bleibt an der Oberfläche, kälteres Wasser liegt am Grund des Sees. → 5

See im Winter • Im Winter kühlt sich das Wasser an der Oberfläche des Sees ab. Dabei zieht es sich zusammen, es wird schwerer. Bei 4 °C ist Wasser am schwersten. Es sinkt im See nach ganz unten. Wenn das Wasser an der Oberfläche unter 4 °C abkühlt, wird es wieder leichter und sinkt deshalb nicht ab. Die Wassertemperatur nimmt so lange an der Oberfläche ab, bis das Wasser zu Eis erstarrt. Unten im See ist es dann mit 4 °C am wärmsten. → 6

Folgen für Natur und Technik • Wenn Gewässer tief genug sind, frieren sie im Winter nicht zu. Dann befindet sich unter der Eisschicht flüssiges Wasser. Das ist sehr wichtig für Fische und Wasserpflanzen. Sie können so in der kalten Jahreszeit überleben.
Dass sich Wasser beim Gefrieren ausdehnt und leichter wird, hat noch mehr Folgen:
- Eisberge schwimmen auf dem Wasser. → 7
- Wasser in Felsritzen und -spalten gefriert im Winter. Dabei dehnt es sich aus und „sprengt" so Stücke aus dem Fels. Auch Schlaglöcher im Straßenbelag entstehen so.
- Rohre platzen im Winter, wenn das Wasser darin gefriert.

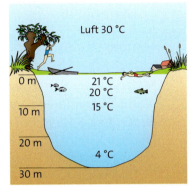
5 See im Sommer

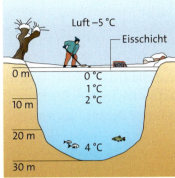
6 See im Winter

7 Eisberge

Aufgaben

1 ○ Beschreibe die Temperaturen des Wassers in einem See im Sommer und im Winter.

2 ● Das besondere Verhalten von Wasser hat für die Tiere in einem See große Bedeutung. Begründe es.

3 ● Erkläre, warum ein Eisberg auf dem Wasser schwimmt.

Wasser verhält sich nicht normal

Material A

Wenn Wasser gefriert ...

Materialliste: Kühlschrank mit Gefrierfach, kleines Schraubglas mit Deckel, Plastiktüte

Achtung • Führe den Versuch nur mit deinen Eltern oder einer Lehrkraft durch.

1 So gehst du vor:
a Fülle das Glas randvoll mit Wasser. Schraube es zu. Vermeide dabei Luftblasen.
b Hülle das Glas in eine Plastiktüte und stelle es kalt.
c Am nächsten Tag ist das Wasser nicht nur gefroren, sondern ...
○ Vervollständige den Satz.

Material B

Temperaturen unter Eis

Materialliste: Hartschaumplatte, Stativmaterial, großes Becherglas, 3 Thermometer, Eis, Wasser

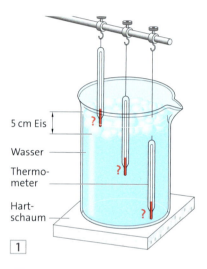

1

1 Sieh dir das Bild an. → 1
a ◐ Vermute, wo man die höchste und wo die niedrigste Wassertemperatur misst. Notiere deine Vermutungen.
b Baue den Versuch dann auf.
c ○ Lies nach ein paar Minuten die Temperaturen an den Thermometern ab und notiere sie.

2 ○ Vergleiche die Ergebnisse mit deinen Vermutungen von Versuchsteil 1a.

Material C

Volumenänderung beim Gefrieren

Materialliste: Becherglas mit „Kältemischung" aus 300 g Eis und 100 g Salz, Reagenzglas, Wasser, wasserfester Filzstift

1 So gehst du vor:
a Fülle das Reagenzglas zur Hälfte mit Wasser und markiere den Wasserstand. → 2
b Stelle das Reagenzglas in die Kältemischung.

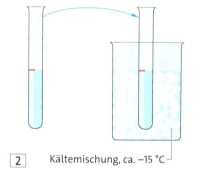

2 Kältemischung, ca. −15 °C

c Warte 15 Minuten und beobachte den Wasserstand.

2 ◐ Erkläre das Ergebnis.

Material D

Wachs schmelzen (Lehrerversuch)

Materialliste: Reagenzglas mit Wachs, Gasbrenner, Reagenzglasklammer, Schutzbrille

1 Das Reagenzglas enthält flüssiges Wachs. Eine Kugel festes Wachs wird zugefügt.

2 ◐ Vergleiche das Verhalten der Wachskugel mit dem Verhalten von Eis in Wasser.

Erweitern

Sprengstoff – gefrierendes Wasser

Fels und Boden • Die Wirkung gefrierenden Wassers ist gewaltig. Man sieht sie an den Schotter- und Geröllfeldern im Gebirge. → 3 Jeder Fels hat winzige Spalten und Risse, in die Wasser eindringt. → 4 Im Winter gefriert das Wasser zu Eis. Dabei kann sich das Eis so weit ausdehnen, dass der Fels bricht. Solange das Eis nicht taut, hält es den Fels noch zusammen. → 5 Erst wenn im Frühjahr das Eis schmilzt, zerfällt der Fels in kleinere Brocken. → 6 Selbst große Felsen werden so allmählich in immer kleinere Stücke zerlegt.
Bei Frost zerkleinert gefrorenes Wasser den Lehm im Boden. Im Frühjahr ist der Boden lockerer und das Feld besser zu bearbeiten.

Schlaglöcher • Wasser dringt in kleine Risse in der Straße ein und gefriert dort im Winter. Das Eis dehnt sich aus. Im Frühjahr schmilzt es, das Wasser versickert. Der entstandene Hohlraum bricht ein, wenn Autos darüberfahren. → 7

Wasserrohre • Wenn Wasser in Rohren gefriert, kann es großen Schaden anrichten. Deshalb werden Wasserleitungen wärmeisoliert oder bei Frostgefahr entleert. Dem Kühlwasser im Auto setzt man Stoffe zu, die es erst bei niedrigeren Temperaturen gefrieren lassen.

Aufgabe

1 „Ein Landwirt muss nach einem kalten Winter sein Feld weniger pflügen als nach einem warmen Winter."
Begründe die Aussage.

3 Geröllfeld in den Dolomiten (Italien)

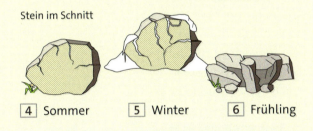

4 Sommer 5 Winter 6 Frühling

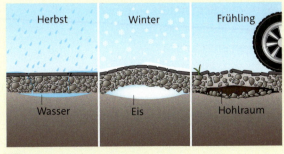

7 Ein Schlagloch entsteht.

Wasser wird zersetzt

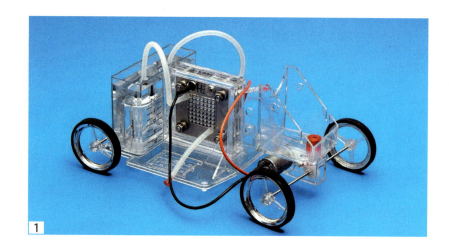

Dieses Auto fährt nicht mit Benzin. Wir können seinen Treibstoff aus Wasser gewinnen.

Material zur Erarbeitung: A–C

Material A

Wasser zersetzen (Lehrerversuch)

Materialliste: Netzgerät, Zersetzungsapparat, Reagenzgläser mit Stopfen, Kabel, 2 Platinelektroden, Wasser mit etwas verdünnter Schwefelsäure (Achtung! ⚠)

1 Der Versuch wurde aufgebaut und gestartet. → 2 Nach etwa 1 Stunde ist genügend Gas entstanden.

a ○ Beobachte die beiden Elektroden des Zersetzungsapparats. Notiere, wo mehr Bläschen entstehen.

b 💧 Was passiert mit den Bläschen, was mit der restlichen Flüssigkeit? Erkläre.

2 ○ Vergleiche, wie viel Gas sich jeweils an den beiden Elektroden gebildet hat.

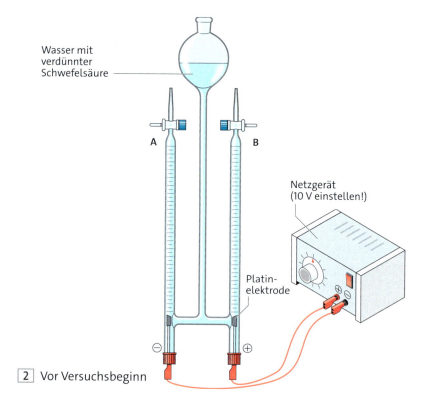

2 Vor Versuchsbeginn

3 Am Ende des Versuchs wurden die Gase in Reagenzgläser abgefüllt. Es kann nun ermittelt werden, an welcher Elektrode Wasserstoff und an welcher Sauerstoff entstanden ist (siehe Nachbarseite).

Material B

Knallgasprobe (Lehrerversuch)

Materialliste: Reagenzglas mit Wasserstoff (Gefahr! 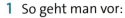), Kerze, Streichhölzer, Schutzbrille

Wasserstoff ist ein brennbares, farbloses Gas. Man kann es mit der Knallgasprobe nachweisen.

1 So geht man vor:
a Das Reagenzglas mit Wasserstoff wird mit dem Daumen verschlossen. → 3
b Der Daumen wird weggenommen und das Reagenzglas schnell an die Flamme gehalten. → 4
c ○ Sieh und höre genau hin, was passiert.

2 Betrachte die Glaswand des Reagenzglases.
a ○ Beschreibe deine Beobachtung.
b ● Erkläre deine Beobachtung. Bedenke, woraus der Wasserstoff gewonnen wurde.

3 ● Was könnte passieren, wenn man mit einer etwas größeren Menge Wasserstoff experimentiert? Stelle eine Vermutung auf.

3

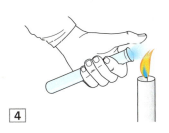
4

Material C

Glimmspanprobe

Materialliste: Reagenzglas mit Sauerstoff (Gefahr!), Holzspan, Streichhölzer, Schutzbrille

Sauerstoff ist ein nicht brennbares, farbloses Gas. Mit der Glimmspanprobe kann man Sauerstoff nachweisen.

1 So gehst du vor:
a Entzünde einen Holzspan. Lass ihn kurze Zeit brennen und blase ihn dann aus. Führe den glimmenden Holzspan in die Öffnung des Reagenzglases. → 5
b ○ Sieh und höre genau hin, was passiert. → 6

2 ● Beschreibe mit eigenen Worten, wie du bei der Glimmspanprobe vorgegangen bist.

3 ● Sieh im Anhang nach, was das Gefahrensymbol beim Sauerstoff bedeutet. Erkläre es.

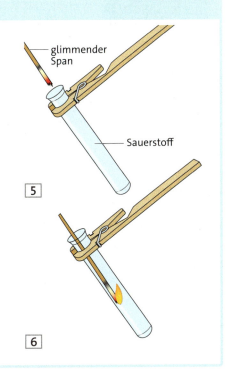

27

Wasser wird zersetzt

[1] Wasserzersetzung

Wasserzersetzung • Wenn Elektrizität durch Wasser geleitet wird, dann geschieht etwas Merkwürdiges. An den Elektroden steigen Gasbläschen im Wasser nach oben. Über der Minuselektrode sammelt sich dabei mehr Gas als über der Pluselektrode. → [1] Es lässt sich nachweisen, dass an den beiden Elektroden zwei verschiedene gasförmige Stoffe entstehen: An der Minuselektrode entsteht Wasserstoff, an der Pluselektrode Sauerstoff.

> Man kann Wasser mithilfe von Elektrizität in Sauerstoff und Wasserstoff zersetzen.

Wasserstoff und Sauerstoff • Die beiden neu gebildeten Stoffe sind farblose Gase mit unterschiedlichen Eigenschaften. → [2] Wasserstoff ist brennbar. Zwei Eigenschaften machen Wasserstoff besonders interessant als Energieträger der Zukunft:

- Bei der Verbrennung von Wasserstoff wird sehr viel Energie umgewandelt.
- Es entstehen keine Schadstoffe bei der Verbrennung.

Sauerstoff hingegen brennt nicht, aber unterstützt Verbrennungen. Man benötigt ihn beispielsweise als Atemgas und zum Antrieb von Raketen.

> Wasserstoff kann man mit der Knallgasprobe nachweisen. Sauerstoff lässt einen glimmenden Holzspan wieder aufflammen.

Grenzen der Modellvorstellung • Bislang haben wir uns vorgestellt, dass der Reinstoff Wasser aus kleinsten, unveränderlichen Teilchen besteht. Nun ist aber bei der Wasserzerlegung etwas Neues aus dem Wasser entstanden. Offensichtlich sind die Teilchen durch die Elektrizität verändert worden. Die bisherige Modellvorstellung passt nicht mehr. Ein neues Modell wird benötigt.

	Wasserstoff Gefahr!	Sauerstoff Gefahr!
Farbe	farblos	farblos
Geruch	geruchlos	geruchlos
Aggregatzustand bei Zimmertemperatur	gasförmig	gasförmig
Brennbarkeit	brennbar	nicht brennbar
leichter/schwerer als Luft	leichter als Luft	schwerer als Luft
brandfördernd	nein	ja
in Wasser löslich	sehr wenig	wenig
Nachweismethode	Knallgasprobe	Glimmspanprobe

[2] Wasserstoff und Sauerstoff im Vergleich

Aufgaben

1 Wasser kann mithilfe von Elektrizität in zwei Stoffe zerlegt werden.
a ○ Nenne die beiden Stoffe.
b ◐ Beschreibe die beiden Stoffe mithilfe ihrer Eigenschaften.

2 ● Begründe, dass die Vorstellung von kleinsten, unveränderlichen Wasserteilchen im Zusammenhang mit der Zerlegung des Wassers nicht sinnvoll ist.

die **Wasserzersetzung**
der **Wasserstoff**
der **Sauerstoff**
die **Knallgasprobe**
die **Glimmspanprobe**

Erweitern

Nutzung von Wasserstoff

3   Wasserstoff als Energieträger

Probleme • In Wasserstoff steckt sehr viel nutzbare Energie. Außerdem entsteht bei seiner Verbrennung nur reines Wasser. Deshalb erforscht man seit Jahren die Nutzung von Wasserstoff als Energieträger. Zwei Probleme sind aber zu lösen, bevor Wasserstoff der Energieträger der Zukunft werden kann:
- Reiner Wasserstoff kommt in der Natur sehr selten vor. Man gewinnt ihn, indem man mit viel elektrischer Energie Wasser zersetzt. Nur wenn diese Energie aus Wasser-, Wind- oder Sonnenkraftwerken stammt, entstehen dabei keine Schadstoffe. → 3
- Bereits ein Funke reicht aus, um Wasserstoff-Sauerstoff-Gemische explodieren zu lassen.

Wasserstoffautos • Heute schon fahren auf den Straßen einige Wasserstoffautos. Meistens sind dies kombinierte Wasserstoff- und Benzinautos. Allerdings gibt es noch kein dichtes Netz an Wasserstofftankstellen.

Brennstoffzelle • Wenn Wasserstoff verbrennt, dann besteht Explosionsgefahr. Die Brennstoffzelle hat die Verbrennung von Wasserstoff „gezähmt". In der Brennstoffzelle wird elektrische Energie aus Wasserstoff und Sauerstoff gewonnen. Sie kann in Autos, in Schiffen oder auch zur Energieversorgung von Computern eingesetzt werden.

Raketen • Wasserstoff und Sauerstoff werden in einen Brennraum gepumpt. Der Wasserstoff verbrennt dort explosionsartig. → 4

Aufgabe

1 ○ Nenne Probleme, die bisher die Nutzung von Wasserstoff behindern.

4   Wasserstoff treibt Raketen an (Ariane 5).

29

Elemente und Verbindungen

[1] Wasser spalten?

Die Wasserzersetzung zeigt es: Wasserteilchen können wir uns nicht als unveränderliche Kügelchen vorstellen.

Elemente und Verbindungen • Man bezeichnet in der Chemie einen unzersetzbaren Reinstoff als Element. Der Reinstoff Wasser kann kein Element sein, weil er in Wasserstoff und Sauerstoff zersetzt werden kann. Wir sprechen in Bezug auf Wasser von einer chemischen Verbindung. Wasserstoff und Sauerstoff sind nicht zersetzbar. Es handelt sich deshalb um Elemente.

> Die Verbindung „Wasser" besteht aus den Elementen „Wasserstoff" und „Sauerstoff".

Atome und Moleküle • Wenn man ein Element immer wieder teilt, gelangt man am Ende zu einem kleinsten unteilbaren Teilchen. Man nennt es Atom (griechisch atomos: unteilbar). Elemente bestehen aus einer Atomsorte. Wenn zwei oder mehrere Atome sich verbinden, entsteht ein Molekül. Dabei kann das Molekül aus verschiedenen Atomsorten bestehen. Das Wassermolekül besteht aus zwei Wasserstoffatomen und einem Sauerstoffatom. → [2] Aus diesem Grund entsteht bei der Wasserzersetzung auch doppelt so viel Wasserstoff wie Sauerstoff.

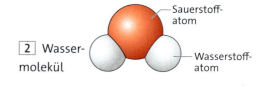

[2] Wassermolekül

> Atome sind Teilchen, die man nicht mehr weiter teilen kann. Moleküle werden aus zwei oder mehr Atomen gebildet.

Die Elemente Wasserstoff und Sauerstoff bestehen nicht aus einzelnen Atomen. Bei ihnen bilden immer zwei gleiche Atome ein Molekül. → [3]

	Element	Verbindung
Aufbau	gleiche Atome oder Moleküle aus gleichen Atomen	Moleküle aus verschiedenen Atomen
Beispiele	Sauerstoff, Wasserstoff	Wasser

[3] Übersicht: Element und Verbindung

Aufgaben

1. ○ Nenne die Bestandteile eines Wassermoleküls.

2. ● Erkläre den Unterschied zwischen einem Element und einer Verbindung. → [3]

das **Element**
die **Verbindung**
das **Atom**
das **Molekül**

Material A

Element, Verbindung oder Stoffgemisch?

1 🌀 Die Bilder zeigen Stoffe oder Stoffgemische im Molekülmodell. → 4 – 7
a Gib für jedes Bild an, ob es sich um ein Element, eine Verbindung oder ein Stoffgemisch handelt.
b Entscheide bei den Stoffgemischen auch, ob ihre Bestandteile jeweils Element oder Verbindung sind.

2 ● Erkläre den Unterschied zwischen einer Verbindung und einem Stoffgemisch.

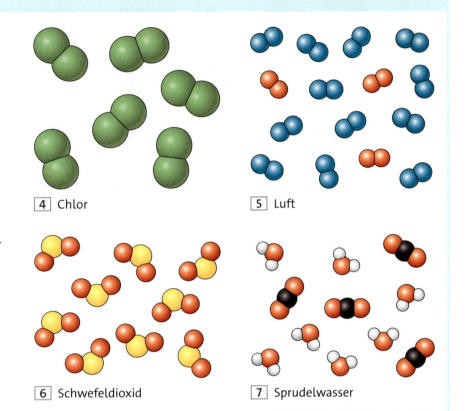

4 Chlor
5 Luft
6 Schwefeldioxid
7 Sprudelwasser

Material B

Molekülmodelle bauen

Materialliste: Knetmasse

1 🌀 Sieh dir die Steckbriefkärtchen an. → 8 – 11
a Ordne den Steckbriefen die Begriffe Element oder Verbindung zu.
b Baue zu jedem Steckbrief ein Molekülmodell aus Knetmasse. Verwende dabei für jede Atomsorte eine eigene Farbe.

Schwefel
Das Molekül besteht aus acht Schwefelatomen.
8

Ammoniak
Das Molekül besteht aus einem Stickstoffatom und drei Wasserstoffatomen.
9

Kohlenstoffmonoxid
Das Molekül besteht aus einem Kohlenstoffatom und einem Sauerstoffatom.
10

Stickstoff
Das Molekül besteht aus zwei Stickstoffatomen.
11

Die chemische Formelsprache

1 Was befindet sich im Kolben?

Wenn Menschen aus vielen Ländern zusammenarbeiten, ist die Verständigung nicht ganz einfach. Die chemische Formelsprache hilft, denn sie ist überall gültig.

Symbole • In der Chemie bezeichnet man die Elemente mit Symbolen. Oft sind dies die Anfangsbuchstaben der lateinischen oder griechischen Namen der Elemente (siehe auch S. 193). → 2

| Chemische Symbole stehen für Elemente.

Element	Symbol
Gold (aurum)	Au
Silber (argentum)	Ag
Kohlenstoff (carboneum)	C
Kupfer (cuprum)	Cu
Eisen (ferrum)	Fe
Wasserstoff (hydrogenium)	H
Stickstoff (nitrogenium)	N
Sauerstoff (oxygenium)	O
Schwefel (sulfur)	S

2 Einige Elementsymbole

Formeln • Eine chemische Verbindung kennzeichnet man durch eine Formel. Für jedes Element in der Verbindung steht sein Symbol. Eine kleine Ziffer nach dem Symbol gibt an, wie oft das Element vorkommt. Eine „1" lässt man einfach weg. → 3

3 Beispiel Wasser

| Chemische Formeln geben die Elemente und ihre Anzahl in einer Verbindung an.

Aufgaben

1 ○ Nenne den Vorteil der chemischen Formelsprache.

2 ◐ Gib jeweils die Elemente und die Anzahl der Atome an, die in den chemischen Verbindungen CuO, CO_2 und Fe_2O_3 enthalten sind. → 2

das Symbol
die Formel

Material A

Formeln schreiben

1 Die Tabelle zeigt die Atome der verschiedenen Elemente in unterschiedlichen Farben. → 4
   ○ Notiere zu jedem Molekülmodell eine Formel.
   → 5 – 10

	Element	Symbol
○ (weiß)	Wasserstoff	H
● (orange)	Sauerstoff	O
● (schwarz)	Kohlenstoff	C
● (blau)	Stickstoff	N
● (grün)	Chlor	Cl
● (gelb)	Schwefel	S

4

 5

 7

 9

 6

 8

 10

Material B

Die Entstehung der chemischen Formelsprache

1 Lies die Texte. → 11 12

a ○ Beschreibe die Geheimschrift der Alchemisten.

b ◐ „Eine einheitliche chemische Formelsprache hat Vorteile im Vergleich zur Geheimschrift der Alchemisten." Begründe den Satz.

c ◐ Die Symbole des Engländers John Dalton haben sich nicht durchgesetzt. Vermute eine Ursache.

Von den Alchemisten, den „Chemikern des Mittelalters", und ihrer Suche nach dem „Stein der Weisen" hast du vielleicht schon gehört. Sie glaubten, dass sie mit seiner Hilfe Gold herstellen können. Jeder Alchemist wollte dabei der Erste sein. Um ihre Geheimnisse zu bewahren, haben die Alchemisten ihre Notizen in einer Geheimschrift aufgezeichnet. Viele Alchemisten haben dabei auch eigene Zeichen verwendet.

11

Vor etwa 200 Jahren bemühten sich dann Chemiker um einheitliche chemische Zeichen, die für jedermann verständlich sind. Der Engländer John Dalton ordnete jedem Element ein eigenes Symbol zu.

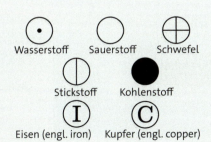

Der schwedische Chemiker Jöns Jakob Berzelius erfand dann die Elementsymbole aus ein oder zwei Buchstaben, so wie wir sie heute noch verwenden.

12

Wasserkraftwerke

1 Saalachkraftwerk in Bad Reichenhall

Material zur Erarbeitung: A–B

In Bayern werden etwa 15 Prozent der elektrischen Energie in Wasserkraftwerken erzeugt – Tendenz steigend.

Wasser als erneuerbare Energiequelle • Derzeit erzeugt man in Bayern noch etwas mehr als die Hälfte der elektrischen Energie in Kernkraftwerken oder bei der Verbrennung von Kohle und Erdgas. Jedoch erneuern sich die Brennstoffvorräte nicht. Sie gehen eines Tages zur Neige.

Dagegen bezeichnen wir Wasser als erneuerbare Energiequelle, so wie den Wind und die Sonne.

Zur Energiegewinnung in Wasserkraftwerken nutzt man das Gefälle zwischen Gebirge und Meer aus. Aber wie gelangt das Wasser immer wieder ins Gebirge? Die Sonne verdunstet Wasser, vor allem aus den Meeren. Der Wasserdampf kondensiert wieder und fällt als Regen oder Schnee zu Boden, unter anderem im Gebirge. Dort entstehen Bäche und Flüsse, die hinab ins Meer fließen. Der Kreislauf des Wassers beginnt von Neuem. → 2

In den Wasserkraftwerken entstehen keine Schadstoffe. Jedoch sind für den Bau der Kraftwerke erhebliche Eingriffe in die Natur nötig.

Energieform Lageenergie • Alle Gegenstände haben Lageenergie, auch das Wasser im Fluss. Ein Gegenstand hat umso mehr Lageenergie, je höher er sich befindet und umso schwerer er ist. Beispiel: Ein voller Wassereimer auf dem Boden hat weniger Lageenergie als ein gleich voller Eimer auf dem Tisch. Ebenso hat ein voller Eimer mehr Lageenergie als ein halbvoller Eimer in gleicher Höhe. → 3

2 Wasserkreislauf

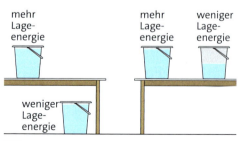

3 Lageenergie

Wasser – Bedeutung und Eigenschaften
Lebensgrundlagen Wasser und Boden

Energieumwandlung im Wasserkraftwerk • In einem Wasserkraftwerk staut man Wasser hinter einer Mauer. Durch seine hohe Lage hat das Wasser Energie gespeichert.

Das Wasser stürzt durch Rohre hinab in Richtung Turbine. Die Lageenergie wird dabei in Bewegungsenergie umgewandelt. Das strömende Wasser treibt die Turbine an und versetzt sie in schnelle Drehungen.

An die Turbine ist der Generator gekoppelt. Er wandelt die Bewegungsenergie der Turbine in elektrische Energie um. → 4

Kraftwerkstypen • Im Wesentlichen gibt es zwei Typen von Wasserkraftwerken, die nach demselben Prinzip funktionieren:
- Laufwasserkraftwerke befinden sich an Flüssen. → 1 Die Stauhöhe des Wassers ist gering, dafür fließt eine große Wassermenge durch die Turbine.
- Vor Speicherkraftwerken staut man einen Bergbach mit einer riesigen Mauer so auf, dass ein großer See entsteht. → 5 Die Stauhöhe ist größer, der Wasserdurchfluss dagegen geringer als bei einem Laufwasserkraftwerk.

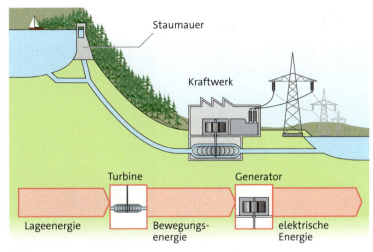

4 Wasserkraftwerk: Prinzip und Energiekette

> Wasserkraftwerke nutzen die Lageenergie des Wassers. Sie wandeln diese erst in Bewegungsenergie und dann in elektrische Energie um.

die erneuerbare Energiequelle
die Lageenergie
das Wasserkraftwerk

5 Speicherkraftwerk

Aufgaben

1 ○ Nenne die Energieformen, die in einem Wasserkraftwerk umgewandelt werden.

2 ◐ Gib an, wo Laufwasserkraftwerke und wo Speicherkraftwerke gebaut werden.

3 ● Man staut das Wasser auf, bevor man es durch die Turbine leitet. Begründe.

Wasserkraftwerke

Material A

Modell eines Wasserkraftwerks (Lehrerversuch)

Materialliste: Modellkraftwerk, Waschbecken

1 Das Modellkraftwerk wird in Betrieb genommen. → 1
 a Der Wasserzulauf wird erst leichter und dann stärker aufgedreht.
 b ○ Beschreibe deine Beobachtungen.

1

2 ○ Macht es einen Unterschied, ob man kaltes oder warmes Wasser durch die Turbine laufen lässt? Beschreibe wieder, was du beobachtest.

3 ● Plane Änderungen am Versuchsaufbau, um mehr Energie zu erzeugen. Begründe deinen Vorschlag.

Material B

„Strommix" in Bayern

1 In Bayern wird auf verschiedene Arten Elektrizität erzeugt. Das Diagramm zeigt die Anteile der jeweiligen Energieträger an der Gesamtproduktion. → 2
 a ○ Gib die drei wichtigsten Energieträger an.
 b ● Ordne die einzelnen Energieträger den erneuerbaren und den nicht erneuerbaren Energieträgern zu.
 c ○ Berechne, welchen Anteil die erneuerbaren Energieträger insgesamt haben.
 d ● Stelle den Anteil der erneuerbaren Energieträger in einem Säulendiagramm dar.

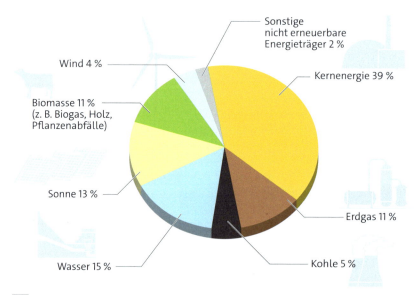

2 Anteile der Energieträger an der Erzeugung elektrischer Energie in Bayern

2 ● Überlege dir, wie man in deiner Umgebung noch mehr Elektrizität durch erneuerbare Energien erzeugen könnte.

Material C

Wasserkraftwerke in Bayern

1 Sieh dir die Landkarte Bayerns mit den markierten Wasserkraftwerken an. → 3
a ○ Nenne die Flüsse mit besonders vielen Kraftwerken.
b ◐ Am Lech befinden sich sehr viele Wasserkraftwerke direkt aneinander. Was sagt das über die natürlichen Gegebenheiten dort aus? Stelle eine Vermutung auf.
c ◐ Nutze deinen Atlas, um deine Vermutung zu überprüfen.

2 „Der Bau eines Flusskraftwerks kann sich erheblich auf die Natur auswirken."
a ◐ Begründe den Satz. → 4 5
b ● Was unternimmt man, um die Natur beim Kraftwerksbau zu schonen? Suche nach Informationen und berichte. → 6

4 Baustelle für ein Wasserkraftwerk in München

- Fische gelangen nicht mehr in ihre Laichgebiete.
- Der Lebensraum von Tieren im und am Wasser wird zerstört.
- Bäume müssen gefällt werden.

5 Mögliche Umweltgefahren

3 Mittlere und große Wasserkraftwerke in Bayern

6 Maßnahme zum Naturschutz: Fischtreppe (Bad Tölz)

Wasser – Bedeutung und Eigenschaften

Zusammenfassung

Wasser bedeutet Leben • Pflanzen, Tiere und Menschen können ohne Wasser nicht leben.
Unsere Körper bestehen zu etwa zwei Dritteln aus Wasser.
→ 1

1

Auch unser Blut enthält fast nur Wasser. Mit dem Blut werden Nährstoffe, Sauerstoff und Wärme in unserem Körper transportiert. Seen, Flüsse und Meere bilden Lebensräume für viele Lebewesen. Der Anteil des Salzwassers beträgt 97 % an den Wasservorkommen der Erde.

Eigenschaften von Wasser • Wasser erkennt man an seinen Eigenschaften:
- Der Schmelzpunkt von Wasser liegt bei 0 °C, der Siedepunkt bei 100 °C. → 2
- Wasser löst feste Stoffe, Flüssigkeiten und Gase. → 3 Wie viel sich löst, hängt von dem Stoff und von der Temperatur des Wassers ab.
- Wasser leitet Elektrizität – es muss aber zum Beispiel etwas Salz gelöst sein. Ein Blitzeinschlag im Wasser kann daher für Badende tödlich sein. → 4
- Wasser hat eine „Haut". Die Oberflächenspannung verhindert zum Beispiel, dass ein Wasserläufer einsinkt. → 5

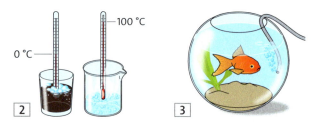

Wasser – nicht immer flüssig • Wasser kann wie viele Stoffe fest, flüssig oder gasförmig sein. Der Aggregatzustand hängt von der Temperatur ab. → 6

Wasser verhält sich nicht normal • Wasser unterscheidet sich von anderen Stoffen:
- Wasser zieht sich zusammen, wenn es auf 4 °C abgekühlt wird. Es ist bei 4 °C am schwersten. Wenn Wasser weiter auf 1 °C abgekühlt wird, dehnt es sich aus. Es wird wieder leichter. → 7
- Bei 0 °C gefriert Wasser. Dabei dehnt es sich aus. Eis ist leichter als flüssiges Wasser.
  → 7 Eis schwimmt deshalb auf Wasser.

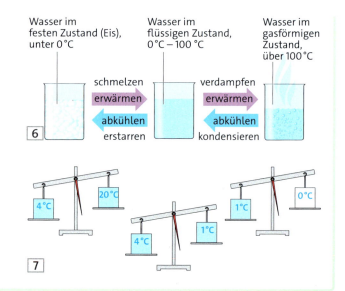

Wasser wird zersetzt • Wenn man Elektrizität in Wasser leitet, dann entstehen die Gase Wasserstoff und Sauerstoff. Wasserstoff wird mit der Knallgasprobe nachgewiesen, Sauerstoff mit der Glimmspanprobe. → 8 9

8 Knallgasprobe   9 Glimmspanprobe

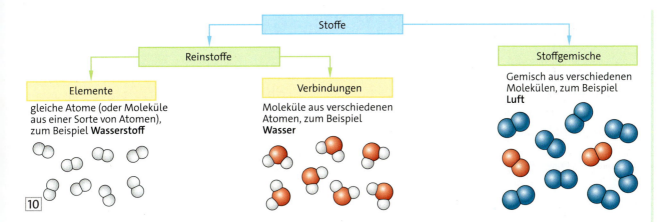

10

Elemente und Verbindungen • Elemente sind Reinstoffe, die man nicht weiter zersetzen kann, z. B. Wasserstoff und Sauerstoff. Wasser ist ein Reinstoff, den man zersetzen kann. Wir sprechen von einer Verbindung.
Wenn man ein Element immer wieder zerteilt, kommt man zu einem kleinsten Teilchen, dem Atom. Wir stellen uns Atome als kleinste Kügelchen vor. Moleküle sind aus mehreren Atomen zusammengesetzt. → 10

Chemische Formelsprache • Chemiker bezeichnen Elemente mit Symbolen aus einem oder zwei Buchstaben.
Chemische Formeln geben die Elemente und ihre Anzahl in einer Verbindung an. → 11

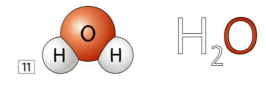

11

Wasserkraftwerke • Wir nutzen Wasserkraftwerke, um elektrische Energie zu gewinnen. Die Lageenergie des Wassers wird dabei erst in Bewegungsenergie einer Turbine umgewandelt. Ein Generator formt diese in elektrische Energie um. → 12

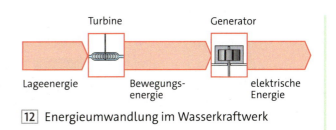

12 Energieumwandlung im Wasserkraftwerk

Wasser – Bedeutung und Eigenschaften

Teste dich! (Lösungen auf S. 188 f.)

Wasser bedeutet Leben

1 ○ Ein Mensch wiegt 60 Kilogramm. Gib an, wie viel Liter Wasser er enthält.

2 ○ Nenne fünf Tätigkeiten, bei denen du täglich Wasser verbrauchst.

3 ○ Nenne drei Tiere, die am, und drei Tiere, die im Wasser leben.

4 ● Ein Mensch kann über eine Woche ohne Essen auskommen.
Erkläre, warum ein Mensch ohne Wasserzufuhr bereits nach wenigen Tagen stirbt.

Eigenschaften des Wassers

5 ○ Eine Büroklammer liegt auf der Wasseroberfläche. → 1
Nenne die Wassereigenschaft, die dafür verantwortlich ist.

6 Ein Gewitter naht, während du in einem See badest.
a ○ Gib an, wie du dich verhältst.
b ◐ Begründe dein Verhalten mit einer Eigenschaft des Wassers.

7 ◐ Beschreibe, wie du möglichst viel von dem Stoff in Wasser lösen kannst:
a Salz
b Kohlenstoffdioxid

8 ● In kalten Meeresströmungen leben oft mehr Fische als in warmen Meeresströmungen. Erkläre dieses Phänomen.

Wasser – nicht immer flüssig

9 ◐ Nenne jeweils zwei Stoffe außer Wasser, die bei Zimmertemperatur fest, flüssig oder gasförmig sind (siehe S. 193).

10 ◐ Beschreibe den Unterschied zwischen Verdampfen und Kondensieren.

11 ◐ Beschreibe mithilfe des Bildes die folgenden Vorgänge mit Fachbegriffen: → 2
Das Wasser für den Tee kocht, eine Wasserpfütze gefriert, Morgentau bildet sich, Eiszapfen „verschwinden", Schokolade wird im Sonnenlicht weich, heißes Kerzenwachs wird wieder fest.

12 ◐ Gib an, wo sich im Bild flüssiges und wo sich gasförmiges Wasser befindet. → 3

1 Büroklammer „schwimmt".

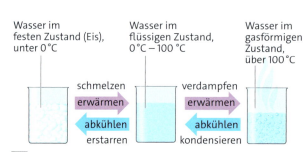

2 Fest – flüssig – gasförmig

3 Flüssiges und gasförmiges Wasser

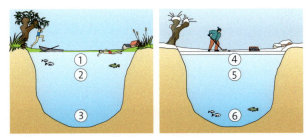

4 See im Sommer und im Winter

Wasser verhält sich nicht normal

13 Ordne den Ziffern im Bild die richtigen Temperaturen zu: → 4
a ○ See im Sommer: 4 °C, 15 °C, 22 °C
b ○ See im Winter: 0 °C, 3 °C, 4 °C
c ◐ Erkläre jeweils die Reihenfolge der Temperaturen.

Wasser wird zersetzt

14 ◐ Bei einem Experiment wird Elektrizität in Wasser geleitet. Beschreibe genau, was du dabei beobachten kannst. → 5

15 ○ Ordne den Stoffen Wasserstoff und Sauerstoff je ein Gefahrensymbol zu. → 6 7

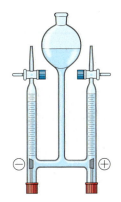

5 Wasserzersetzung

6 Entzündbar

7 Brandfördernd

Elemente und Verbindungen

16 ◐ Erkläre, was du unter den Begriffen Atom und Molekül verstehst.

17 ● Wasser bezeichnet man als chemische Verbindung. Wasserstoff hingegen ist ein chemisches Element.
Begründe diesen Unterschied. Setze dabei dein Wissen über Moleküle und Atome ein.

Die chemische Formelsprache

18 ◐ Erkläre jemandem, der keine Ahnung von Chemie hat, was die Formel H_2O bedeutet.

19 ◐ Gib jeweils die Formel an. → 8

①   ②   ③

8 Molekülmodelle (schwarz: Kohlenstoff; rot: Sauerstoff; blau: Stickstoff; gelb: Schwefel)

Wasserkraftwerke

20 ○ Gib an, wovon die Lageenergie abhängt.

21 ◐ Zeichne die Energiekette bei der Nutzung eines Wasserkraftwerks und gib dabei die Energieformen an.

22 ◐ Gib an, wo sich in Bayern besonders viele Wasserkraftwerke des folgenden Typs befinden.
Begründe jeweils die Entscheidungen für die Standorte.
a Laufwasserkraftwerke
b Speicherkraftwerke

41

Lebensraum Gewässer

Platsch! Gerade noch ist der Teichfrosch der Wildkatze entkommen. Er ist an seinen Lebensraum am und im Wasser perfekt angepasst.

Erst unter dem Mikroskop wird die Vielfalt der Kleinstlebewesen in einem Gewässer für uns sichtbar.

Eingriffe des Menschen gefährden das Leben von Pflanzen und Tieren in unseren Gewässern.

Gewässer in unserer Landschaft

1 Gebirgsbach

2 See

Ob Gebirgsbach oder See – beide Gewässer haben eines gemeinsam: Sie sind jeweils Lebensraum für unzählige Pflanzen und Tiere.

Gewässervielfalt • Eine Vielzahl von Gewässern unterteilt die bayerische Landschaft. In Bächen, Flüssen und Strömen fließt das Wasser stetig. Man spricht von Fließgewässern. In Seen, Teichen, Weihern und Tümpeln steht das Wasser fast strömungslos. Stehende Gewässer sind Wasserspeicher.

Stehende Gewässer • Seen, Weiher und Tümpel zählen zu den natürlichen Gewässern. Seen können mehr als fünf Meter tief sein. Weiher sind höchstens zwei Meter tief. Das Licht reicht gerade noch bis auf ihren Grund. Tümpel sind so flach, dass sie sogar zeitweise austrocknen können. Teiche legt man künstlich zur Fischzucht oder als Löschwasservorrat an.

Fließgewässer • Nahe der Quelle eines Baches fließt das Wasser schnell. Mehrere Bäche vereinigen sich zu einem Fluss, in dem das Wasser langsamer fließt. Beispiele sind der Main, die Naab und die Isar.
Wenn der Fluss besonders breit und langsam ist und ins Meer mündet, spricht man von einem Strom. Der einzige bayerische Strom ist die Donau.

Umweltfaktoren • Welche Tiere und Pflanzen in einem Gewässer vorkommen, hängt von den dort herrschenden Lebensbedingungen ab. Sie werden auch als Umweltfaktoren bezeichnet. Die wichtigsten Umweltfaktoren in einem Fließgewässer sind:
- die Wassertemperatur
- die Fließgeschwindigkeit
- die Lichtverhältnisse am Grund
- die Beschaffenheit des Flussbetts
- der Gehalt an Sauerstoff, Schad- und Mineralstoffen → 3

| der Umweltfaktor
| das Biotop
| die Gewässergüte
| das Zeigertierchen

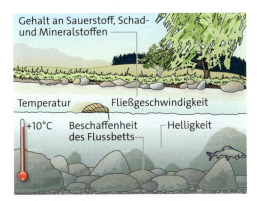

3 Umweltfaktoren im Fließgewässer

Biotop • Die Umweltfaktoren in einem Fließgewässer verändern sich stark von der Quelle bis zur Mündung. Einzelne Abschnitte des Fließgewässers stellen deshalb eigene Lebensräume für Tiere und Pflanzen dar. → 4 Einen solchen abgrenzbaren Lebensraum mit bestimmten Umweltfaktoren bezeichnet man als Biotop.

Gewässergüte • Manche Tiere benötigen ganz bestimmte Umweltfaktoren für ihr Überleben. Ihr Vorkommen in einem Abschnitt des Gewässers lässt auf dessen Gewässergüte schließen. Unverschmutzte Bereiche wie die Quellen von Bächen enthalten viel Sauerstoff. Deshalb findet man nur dort zum Beispiel die Larven von Steinfliegen und Eintagsfliegen. Sie sind Zeigertierchen für unbelastetes Wasser der Gewässergüteklasse I.

> Fließgewässer und stehende Gewässer bieten zahlreiche Lebensräume für Pflanzen und Tiere. Zeigertierchen zeigen die Gewässergüte an.

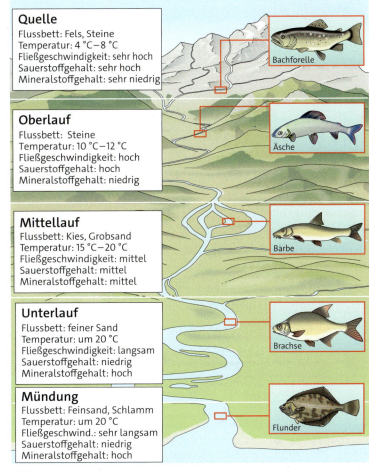

4 Typische Fische in den Abschnitten eines Flusses

Aufgaben

1 ○ Ordne nach Fließgeschwindigkeit: Strom, Bach, Fluss.

2 ○ Nenne die Umweltfaktoren, die die Lebensbedingungen in einem Fluss bestimmen.

3 ○ Ordne die Fische den Bereichen eines Flusses zu: Brachse, Flunder, Äsche, Barbe, Bachforelle. → 4

Gewässer in unserer Landschaft

Material A

Umweltfaktoren in einem Fließgewässer

1. ○ Vergleiche die Fließgeschwindigkeit an der Quelle und der Mündung. → 1

2. ◐ Vervollständige die Je-desto-Sätze zur Fließgeschwindigkeit: → 1 2
   - Je höher die Fließgeschwindigkeit, desto ◇ ist der Sauerstoffgehalt.
   - Je niedriger die Fließgeschwindigkeit, desto ◇ ist der Sauerstoffgehalt.

3. ● Formuliere Je-desto-Sätze mit Sauerstoffgehalt und Temperatur. → 2 3

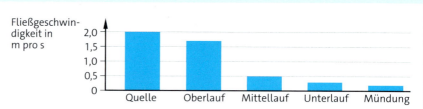

1 So viele Meter legt das Wasser in einer Sekunde zurück.

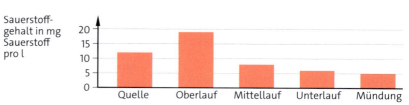

2 So viele Milligramm Sauerstoff sind in 1 Liter Wasser enthalten.

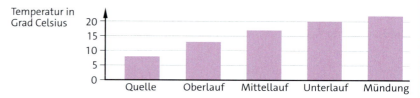

3 So hoch ist die Temperatur des Wassers.

Material B

Wasserpflanzen in der Strömung

Wenige Pflanzen können bei einer höheren Fließgeschwindigkeit noch wachsen. → 4 5

1. ◐ Beschreibe die Angepasstheit der beiden Wasserpflanzen an die Strömungsbedingungen in einem Fluss.

2. ○ Ordne beide Pflanzen den Bereichen eines Flusses zu.

Quellmoos Man findet es in klaren, sauerstoffreichen und kalten Bächen. Dünne biegsame Stängel und kleine abgerundete Blättchen bieten dem Wasser wenig Widerstand. Seine Wurzeln haften auch an glatten Steinen. Selbst eine starke Strömung kann es nicht losreißen.

Wasserhahnenfuß Seine sehr dünnen, biegsamen und reißfesten Stängel werden bis zu sechs Meter lang. Die schmalen fadenförmigen Unterwasserblätter bieten der Strömung wenig Angriffsfläche. Dadurch sinkt das Risiko, dass Pflanzenteile abgerissen werden.

Material C

Tiere in der Strömung

Die Fließgeschwindigkeit ist für alle Lebewesen in einem Fließgewässer der wichtigste Umweltfaktor. Sie laufen ständig Gefahr, von der Strömung mitgerissen zu werden.

1 🔷 Beschreibe Formen der Angepasstheit an die Lebensbedingungen in einem Fließgewässer. → 6 – 11

6 Köcherfliegenlarve Die raupenförmige Larve ist etwa 4 cm lang. Sie baut sich eine Wohnröhre, den Köcher. Er schützt sie vor Fressfeinden. Sand, kleine Steine und Schneckenschalen machen den Köcher schwerer und halten die Larve besser am Gewässergrund.

7 Hakenkäfer Der bis zu 1 cm große Käfer lebt ständig unter Wasser. Er ernährt sich von Algen. An den Endgliedern aller Beine sitzen spitze Haken. Damit kann sich das Tier sehr gut an Steinen und Pflanzen im Strömungsbereich festhalten.

8 Eintagsfliegenlarve Sie lebt nur in sauberem Wasser und ist deshalb ein Zeigertierchen für eine sehr gute Gewässergüte. Ihr abgeflachter Körper bietet dem Wasser wenig Widerstand. Mit kleinen Krallen an den Beinen klammert sich die Larve an Steinen und Pflanzen fest.

9 Mühlkoppe Der bis zu 15 cm lange Kleinfisch lebt am Grund stark strömender Bäche. Er hat einen breiten, abgeflachten Kopf und einen ebenfalls abgeflachten Körper. Die ebene Unterseite liegt sehr gut auf dem Gewässergrund auf. Sie bietet der Strömung wenig Angriffsfläche.

10 Fischegel Er wird bis zu 10 cm lang. Der Fischegel saugt sich mit seinen beiden Saugnäpfen an Fischen fest. Weder die Strömung noch die Abwehrbewegungen des Fischs können ihn abschütteln. Er ernährt sich vom Blut der Fische, das er über einen Rüssel aufsaugt.

11 Flussnapfschnecke Die bis zu 1 cm große Schnecke saugt sich mit ihrer Kriechsohle an Steinen fest. Ihr stromlinienförmiger Körper verringert den Wasserwiderstand. Das Tier braucht sehr viel Sauerstoff. Man findet es daher sehr häufig in schnell fließenden Gewässern.

Gewässer in unserer Landschaft

Methode

Die Gewässergüte bestimmen

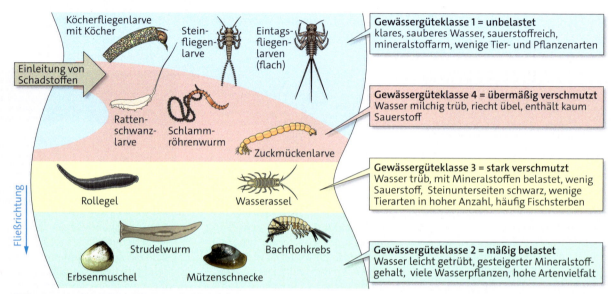

1 Güteklassen in einem Fließgewässer

Die biologische Gewässergüte von Fließgewässern teilt man in vier Klassen ein. Bestimmte Zeigertierchen weisen auf den Grad der Verschmutzung hin. → 1
Zur Bestimmung der Gewässergüte sind kleine, steinige und flache Bäche besonders geeignet.

1. Vorbereitung Ihr benötigt: Lupen, weiße Plastikdosen, Schreibzeug, feinmaschiges Netz, Sieb, Pinsel, Bestimmungsschlüssel

2. Durchführung Tiere können sich unter Wasser an Pflanzen, frei im Wasser und vor allem unter Steinen befinden. Zieht zunächst das Netz durch das Wasser und an den Pflanzen vorbei, um Tiere einzusammeln. Hebt anschließend mehrere faustgroße Steine hoch. Haltet dabei im Wasser ein Netz darunter, damit euch keine Tiere entweichen. Mit einem Pinsel streift ihr behutsam Tiere ab, die an Steinen haften. Setzt die Tiere vorsichtig in eine Schale mit Wasser, damit sie nicht austrocknen.

3. Auswertung Bestimmt die gefangenen Tiere mithilfe der Übersicht. → 2
Zählt, wie häufig die einzelnen Arten vorkommen. Legt dann die Gewässergüteklasse fest. Setzt zum Schluss alle Tiere wieder an der Sammelstelle aus.

Aufgabe

1 ◐ Beschreibe anhand von Bild 1 die Veränderung der Wasserqualität nach der Einleitung von Schadstoffen.

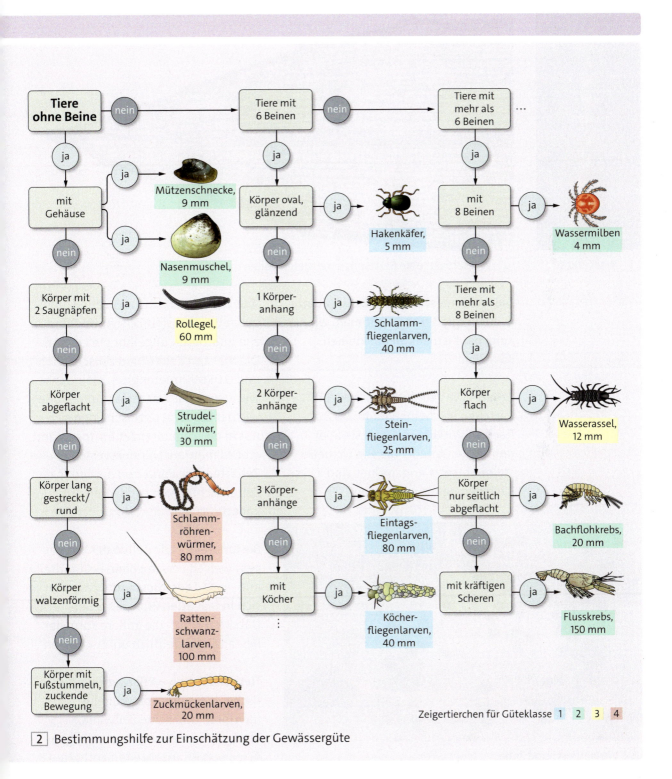

2 Bestimmungshilfe zur Einschätzung der Gewässergüte

Lebewesen bestehen aus Zellen

1 Wasserpest

2 Wasserpest: eine Blattspitze mit vielen Zellen

Die Wasserpest ist eine Wasserpflanze. In der Vergrößerung sieht man, wie sie aufgebaut ist: aus vielen kleinen Kästchen.

Zellen • Die vier- bis sechseckigen Kästchen erscheinen im Mikroskop flach. In Wirklichkeit sind sie aber räumliche Gebilde, die wie Mauersteine versetzt angeordnet sind. Diese Kästchen nennt man Zellen.

Alle Lebewesen sind aus Zellen aufgebaut. Dabei sind Zellen von Pflanzen und Tieren ungefähr gleich groß. Die meisten Zellen sind zwischen 0,1 und 0,01 Millimeter groß. Kleine Lebewesen wie die Wasserpest und große wie der Blauwal unterscheiden sich nur in der Zahl ihrer Zellen. Insgesamt gibt es mehrere Hundert verschiedene Zellarten. Die Form und die Größe der Zellen richtet sich nach ihren Aufgaben.

Bestandteile • Die Zellen der Wasserpest weisen verschiedene Bestandteile auf. → 3 Diese Bestandteile finden sich in fast allen Pflanzenzellen. → 4 Dabei kann sich die äußere Form der Bestandteile deutlich unterscheiden.

Tierische Zellen – Pflanzenzellen • Tierische Zellen besitzen nur eine Zellmembran und keine Zellwand. → 5 Blattgrünkörner sind nur in einigen Arten von Pflanzenzellen enthalten.

3 Wasserpest: eine Zelle

die Zelle
die Zellmembran
der Zellkern
das Zellplasma
das Blattgrünkorn

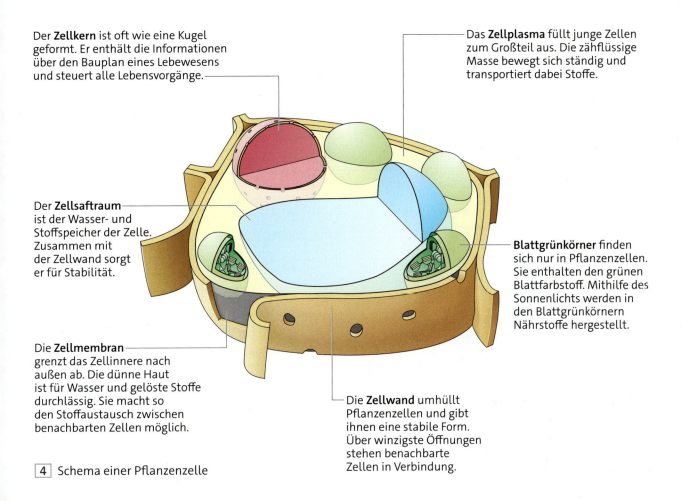

Der **Zellkern** ist oft wie eine Kugel geformt. Er enthält die Informationen über den Bauplan eines Lebewesens und steuert alle Lebensvorgänge.

Das **Zellplasma** füllt junge Zellen zum Großteil aus. Die zähflüssige Masse bewegt sich ständig und transportiert dabei Stoffe.

Der **Zellsaftraum** ist der Wasser- und Stoffspeicher der Zelle. Zusammen mit der Zellwand sorgt er für Stabilität.

Blattgrünkörner finden sich nur in Pflanzenzellen. Sie enthalten den grünen Blattfarbstoff. Mithilfe des Sonnenlichts werden in den Blattgrünkörnern Nährstoffe hergestellt.

Die **Zellmembran** grenzt das Zellinnere nach außen ab. Die dünne Haut ist für Wasser und gelöste Stoffe durchlässig. Sie macht so den Stoffaustausch zwischen benachbarten Zellen möglich.

Die **Zellwand** umhüllt Pflanzenzellen und gibt ihnen eine stabile Form. Über winzigste Öffnungen stehen benachbarte Zellen in Verbindung.

4 Schema einer Pflanzenzelle

> Zellen sind die Grundbausteine aller Lebewesen. Sie bestehen aus Zellkern, Zellplasma und Zellmembran.

Aufgaben

1 ○ Nenne die Bestandteile einer Pflanzenzelle und beschreibe deren Aufgaben.

2 ○ Vergleiche in einer Tabelle eine Pflanzenzelle mit einer tierischen Zelle. → 3 5

3 ◐ Zellen werden auch „Bausteine des Lebens" genannt. Begründe diese Bezeichnung.

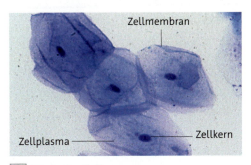

5 Tierische Zellen

Lebewesen bestehen aus Zellen

Methode

Mikroskopieren

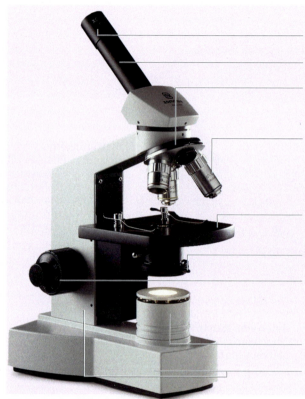

Okular: vergrößert das Bild.

Tubus: Röhre mit dem Okular am oberen Ende

Objektivrevolver: Vorrichtung, um verschiedene Objektive mit unterschiedlichen Vergrößerungen über das Objekt zu stellen

Objektiv: vergrößert das Objekt.

Objekttisch: Auflage für das Objekt. Das Objekt muss über die Öffnung im Objekttisch gelegt werden.

Blende: reguliert die Helligkeit und den Kontrast des Bildes.

Triebrad: verändert den Abstand zwischen dem Objekttisch und dem Objektiv und stellt so das Bild scharf. Meistens ist ein Triebrad für die grobe und eins für die feine Einstellung vorhanden.

Mikroskopleuchte: durchleuchtet das Objekt.

Stativ und Fuß: Halterung für die Teile des Mikroskops

1 Aufbau eines Lichtmikroskops

Mikroskope vergrößern • Lupen ermöglichen bis zu 16-fach, Binokulare bis zu 100-fach vergrößerte Ansichten. Mit einem Schulmikroskop kann man sehr kleine Dinge in bis zu 400-facher Vergrößerung betrachten. → 1
Das Wort Mikroskop ist aus zwei griechischen Wörtern zusammengesetzt. Sie bedeuten so viel wie „Kleines sehen".

Objekt • So nennt man den Gegenstand, den man mikroskopieren will. Das Objekt legt man auf eine kleine Glasplatte, den Objektträger.

Zum Schutz deckt man es noch mit einem dünnen Deckgläschen ab.
Bei Fertigpräparaten sind Objektträger und Deckglas miteinander verklebt, sodass man das Objekt viele Jahre betrachten kann. → 2

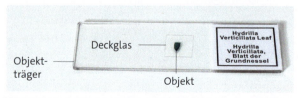

2 Fertigpräparat

Mikroskopieren • Arbeite Schritt für Schritt genau nach der Anweisung:

1. Transportieren Trage das Mikroskop immer mit einer Hand am Stativ und mit der anderen unter dem Gerät.

2. Vorbereiten Schließe die Stromversorgung an und schalte die Beleuchtung ein. Stelle durch Drehen am Objektivrevolver das Objektiv mit der geringsten Vergrößerung über die Öffnung im Objekttisch. → 1

3. Auflegen des Objektträgers Lege das Fertigpräparat in den Lichtstrahl über die Öffnung im Objekttisch.

4. Scharfstellen des Bildes Fahre mit dem Grobtrieb den Objekttisch möglichst nahe an das Objektiv heran. Kontrolliere dabei von der Seite. → 3 Schaue durch das Okular und drehe zum Scharfstellen den Objekttisch mit dem Feintrieb nach unten. → 4

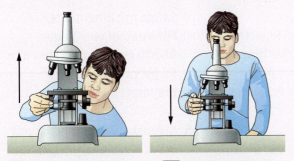

3 Objekttisch heben   4 Bild scharf stellen

5. Helligkeit und Kontrast Stelle mit der Blende die Helligkeit und den Kontrast ein.

6. Geeignete Stellen suchen Beim Mikroskopieren lässt du möglichst beide Augen offen. Verschiebe den Objektträger, bis du einen geeigneten Bereich gefunden hast.

7. Ein Präparat zeichnen Es wird immer auf einem leeren, weißen DIN-A4-Blatt mit einem Bleistift gezeichnet; Größe: Zwei Drittel des Blattes. Beschrifte die Zeichnung an waagerechten Linien. Notiere deinen Namen, das Datum und den Namen des Präparats. → 5

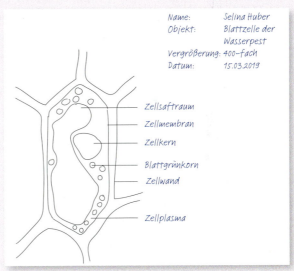

5 Fertige Zeichnung mit Beschriftung

8. Gesamtvergrößerung berechnen Nimm die Okularvergrößerung mal der Objektivvergrößerung. Die Werte kannst du am Okular und am Objektiv ablesen.
Beispiel: Bei einer 10-fachen Vergrößerung des Okulars und einer 4-fachen Vergrößerung des Objektivs ergibt sich eine 40-fache Gesamtvergrößerung: $10 \cdot 4 = 40$.

Lebewesen bestehen aus Zellen

Material A

Zellen der Wasserpest

Materialliste: Wasserpest, Mikroskop, Pinzette, Präpariernadel, Pipette, Objektträger, Deckgläschen, Leitungswasser

1 So gehst du vor:
a Bringe mit einer Pipette einen Wassertropfen auf die Mitte des Objektträgers.
b Zupfe ein Blatt ab. Lege die Spitze des Blatts in den Wassertropfen. → 1 2

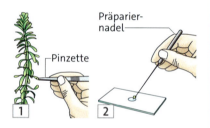

c Senke das Deckgläschen mithilfe der Präpariernadel langsam auf den Wassertropfen herab. → 3

2 Mikroskopiere das Präparat. Beachte dabei die Regeln zum Mikroskopieren.

3 ◐ Zeichne, was du bei größter Vergrößerung siehst.

Material B

Mundschleimhautzellen mikroskopieren

Materialliste: Mikroskop, Holzspatel, zwei Pipetten, Präpariernadel, Objektträger, Deckglas, Filterpapier, ethanolische Methylenblaulösung, Schutzbrille

Achtung • Methylenblau ist ein Farbstoff, der von Tischen und Kleidung nur sehr schwer wieder zu entfernen ist. Vermeide insbesondere eine Berührung mit der Haut.

1 Schabe mit einem Holzspatel vorsichtig etwas Mundschleimhaut von der Innenseite deiner Wange oder vom Zungenbelag ab.

2 Übertrage das abgeschabte Material auf einen Objektträger. → 4
Gib mit der ersten Pipette zwei Tropfen Wasser hinzu und verrühre das Ganze vorsichtig mit der Präpariernadel.

3 Lege ein Deckglas auf dein Präparat.
Gib mit der zweiten Pipette vorsichtig einen Tropfen Methylenblau neben den Rand des Deckglases. → 5

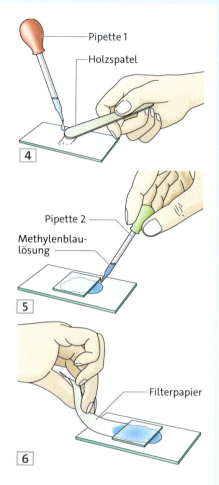

4 Sauge mit einem Streifen Filterpapier vom gegenüberliegenden Rand her die Farblösung durch das Präparat. → 6

5 Mikroskopiere zunächst mit der schwächsten Vergrößerung.

6 ◐ Fertige eine beschriftete Bleistiftskizze von drei bis fünf Zellen an.

Material C

Tier- oder Pflanzenzelle?

In den Abbildungen 7–9 sind verschiedene Pflanzen- und Tierzellen dargestellt.

1 ○ Benenne die nummerierten Zellbestandteile.

2 ○ Entscheide, bei welchen Zellen es sich um Pflanzenzellen und bei welchen es sich um Tierzellen handelt.

3 ◐ Begründe deine Entscheidung.

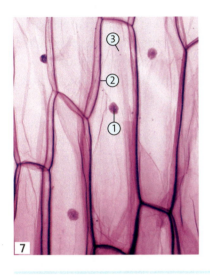

7

8

9 Zellkerne verdeckt

Material D

Modell einer Pflanzenzelle

Man nutzt ein Modell auch, wenn das Original wie bei der Zelle mit dem bloßem Auge nicht sichtbar ist.
Mit dem Modell lassen sich mikroskopisch kleine Strukturen vergrößern und räumlich darstellen.

1 ◐ Baue das Modell einer Pflanzenzelle.
a Überlege dir, welche Zellbestandteile du darstellen willst. Beachte dabei auch die Größenverhältnisse.
b Wähle Materialien aus, mit denen du die Hauptbestandteile einer Pflanzenzelle darstellen kannst. → 10
c Füge die ausgewählten Teile zusammen, sodass der Aufbau einer Pflanzenzelle deutlich wird.

2 ◐ Vergleiche dein Modell mit einer Pflanzenzelle und beschreibe Gemeinsamkeiten und Unterschiede.

10 Material für ein Zellmodell

Einzellige Lebewesen

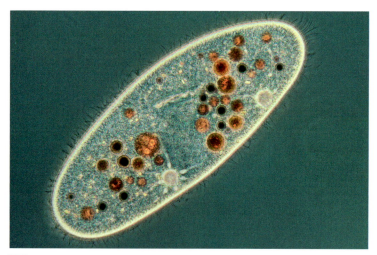

1 Pantoffeltierchen unter dem Lichtmikroskop

In Wasserproben aus Teichen oder Tümpeln fallen beim Mikroskopieren viele schnell schwimmende Lebewesen auf. Bei näherer Betrachtung stellt sich heraus, dass sie nur aus einer einzigen Zelle bestehen.

Einzeller • Einzeller können sich trotz ihrer geringen Größe vermehren, fortbewegen, Nahrung aufnehmen und verdauen. Sie sind eigenständige Lebewesen. Viele von ihnen haben eigenartige Namen wie Trompetentierchen, Augentierchen oder Glockentierchen.

Pantoffeltierchen • Mit einer Länge von bis zu 0,3 mm zählt das Pantoffeltierchen zu den größten Einzellern. Sein Körper ist mit mehreren Tausend Wimpern besetzt. Mit den Wimpern bewegt sich das Pantoffeltierchen fort. Außerdem strudelt das Pantoffeltierchen mit den Wimpern Nahrung zum Zellmund. Die aufgenommene Nahrung wird dann in Nahrungsbläschen verdaut. Die Verdauungsprodukte werden über den Zellafter wieder ausgeschieden. → 1 2

Augentierchen • Sie bewegen sich mit einem langen Schwanz fort, der sich wie ein Propeller bewegt. Mithilfe von Blattgrünkörnern stellen sie im Licht energiereiche Stoffe her. → 5

Amöben • Diese Einzeller können ihre Form beliebig verändern. Deshalb heißen sie auch Wechseltierchen. → 5

Pflanzliche Einzeller • Sie enthalten die für Pflanzen typischen Blattgrünkörner. Zu ihnen zählen die in natürlichen Gewässern sehr häufig vorkommenden Grünalgen. → 5

2 Schema eines Pantoffeltierchens

Aufgaben

1 ○ Erkläre, warum man Einzeller als eigenständige Lebewesen ansieht.

2 ◐ Begründe, warum man das Augentierchen nicht eindeutig den Tieren oder den Pflanzen zuordnen kann.

der Einzeller
das Pantoffeltierchen
das Augentierchen
die Amöbe
die Grünalge

Material A

Einzeller im Heuaufguss

Die Anzahl der Lebewesen in einer Wasserprobe aus einem Teich oder der Regentonne ist oft zu gering, um sie genauer zu beobachten. Ein Heuaufguss macht es möglich, diese Kleinstlebewesen in großer Zahl zu erhalten.

Materialliste: großes Becherglas, eine Handvoll getrocknetes Heu, Pipette, Mikroskop, Objektträger, Deckgläschen, Glasplatte, Wasser aus einem Teich oder der Regentonne

1 Übergieße das Heu mit der Wasserprobe. → 3 Zwischen dem Glasrand und der Wasseroberfläche sollten noch 5 cm Platz frei bleiben. Decke das Gefäß mit einer Glasplatte ab.

2 Nach wenigen Tagen hat sich an der Oberfläche eine schmierige Haut gebildet. → 4 Sie besteht aus Bakterien und Pilzen, die sich vom Heu ernähren. Sie vermehren sich rasch und sind selbst Futter für viele Kleinstlebewesen. Entnimm mit der Pipette alle zwei Tage etwas unterhalb der Haut einen Wassertropfen und mikroskopiere ihn.

3 ○ Führe Protokoll und beschreibe deine Beobachtungen.

4 ○ Vergleiche deine Beobachtungen mit Bild 5.

5 Suche nach Pantoffeltierchen.
○ Betrachte ihre Gestalt und ihren inneren Bau. Beobachte ihre Fortbewegungsweise.

6 ◐ Fertige von mindestens einem Lebewesen eine Zeichnung an.

Becherglas   Glasplatte

3 Heuaufguss

4 Probenentnahme

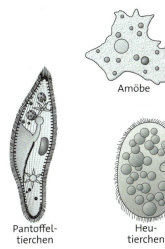

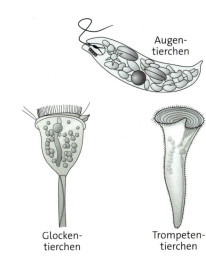

5 Lebewesen im Heuaufguss

Leben im Wasser

1 Bachforelle

Bachforellen leben in schnell fließenden, klaren und sauerstoffreichen Gewässern. Sie sind hervorragende Schwimmer und sehr gut an die starke Strömung angepasst.

Körperbau • Die Bachforelle gehört zu den Fischen, die schnell schwimmen. Diese Fische haben eine besonders strömungsgünstige Körperform. Der Kopf ist abgerundet. Der Körper ist an den Seiten abgeflacht. Er wird zum Schwanz hin immer schmaler. Diese besondere „Spindelform" bietet dem Wasser wenig Widerstand.

Fortbewegung • Die Bachforelle bewegt sich mithilfe von kräftigen Muskeln, die an der Wirbelsäule ansetzen. Hat die Forelle ein Beutetier entdeckt, schlägt die Schwanzflosse blitzschnell mit ganzer Kraft. Dabei bewegt sich der Körper schlängelnd mit. → 2

Flossen • Die große Schwanzflosse ist der Hauptantrieb. Sie bewegt den Fisch vorwärts. → 1 3
Die Bauchflossen und die Brustflossen sind paarweise vorhanden. Sie dienen zum langsamen Schwimmen und zur Steuerung nach rechts und links.

2 Fortbewegung der Bachforelle

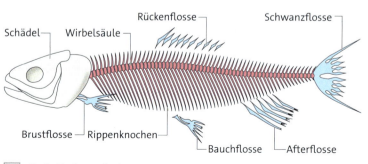

3 Skelett eines Fischs

die Spindelform
die Flossen
die Schuppenhaut
das Seitenlinienorgan
der Laich

Wenn der Fisch bremst, werden diese Flossen abgespreizt. Beim schnellen Schwimmen werden sie zusammengefaltet und dicht an den Körper angelegt. Rückenflosse und Afterflosse tragen dazu bei, dass der Fisch stabil im Wasser liegt und nicht zur Seite umkippt.

Haut • Die Haut eines Fisches ist mit Schuppen bedeckt. Diese kleinen Knochenplättchen liegen wie Dachziegel übereinander und schützen den Körper. Die Schuppen sind mit einer dünnen Schleimschicht überzogen. Dadurch gleitet der Fisch gut im Wasser.

Seitenlinienorgan • Mithilfe feiner Sinneszellen an beiden Körperseiten können die Fische Veränderungen der Strömung wahrnehmen. Selbst in trübem Wasser stoßen sie deshalb nicht an Hindernisse.

Fortpflanzung • Das Weibchen legt seine Eizellen, den Laich, in eine Grube. Das Männchen gibt Samenzellen in das Wasser ab. Sie befruchten die Eier. Aus den befruchteten Eiern entwickeln sich dann kleine Fischlarven. Sie ernähren sich von Nährstoffen aus einem Dottersack, bevor sie selbst jagen. → 4

> Fische sind an das Leben im Wasser angepasst. Ihre strömungsgünstige Form und die mit Schleim bedeckte Schuppenhaut erleichtern das Schwimmen im Wasser.
> Fische bewegen sich mit Flossen fort.

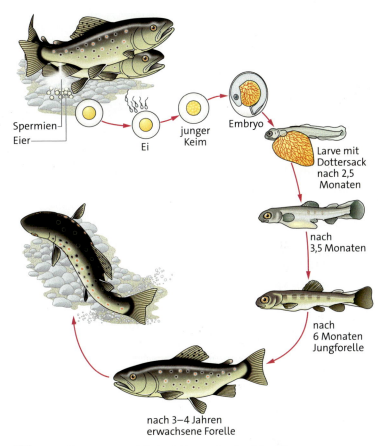

4 Fortpflanzung und Entwicklung der Bachforelle

Aufgaben

1 ○ Fasse zusammen, wie die Fische in Bezug auf Körperbau und Fortbewegung an das Leben im Wasser angepasst sind.

2 ◐ Fische stoßen auch bei schlechter Sicht nicht gegen Hindernisse. Erkläre.

3 ◐ Beschreibe die Entwicklung einer Bachforelle vom befruchteten Ei bis zum erwachsenen Tier. → 4

Leben im Wasser

Material A

Körperform

In einem Versuch wurden fünf unterschiedlich geformte Körper durch Wasser gezogen.

1 ○ Beschreibe den Versuchsaufbau. → 1

2 ◐ Begründe, warum der Versuch mit gleich schweren Körpern durchgeführt werden muss.

3 ◐ In der Tabelle sind Durchschnittswerte aus jeweils 10 Einzelversuchen angegeben. → 2

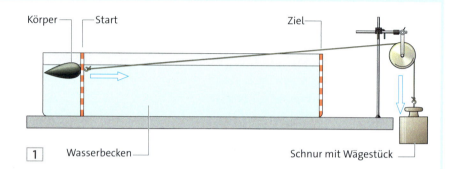

1 Wasserbecken

a Begründe die Verwendung von Durchschnittswerten.
b Erkläre die Versuchsergebnisse.
c Ziehe Rückschlüsse aus den Ergebnissen auf die Körperform der Fische.

Zugrichtung →		Zeit
spindelförmiger Körper	🐟	4 s
Zylinder	▬	7 s
Tropfenform	◀	6 s
Würfel	■	10 s

2 Versuchsergebnisse

Material B

Seitenlinienorgan

1 Lies dir die Informationen zur Orientierung der Fische genau durch. → 3

a ○ Ordne den Zahlen folgende Begriffe zu: Sinneszellen, Nerv, Kanal, Seitenlinienorgan, Öffnung.

b ◐ Beschreibe, wie das Seitenlinienorgan funktioniert.

c ● Erkläre, wie Fische Hindernissen im trüben Wasser ausweichen können.

Orientierung in der Dunkelheit

Fische orientieren sich in dunklem und trübem Wasser mit dem Seitenlinienorgan:
An jeder Seite des Fischs verläuft ein Kanal. Kleine Röhrchen verbinden ihn mit der Außenwelt. Am Grund der Kanäle sitzen Gruppen von Sinneszellen. Strömungen im Wasser biegen sie zur Seite. Dabei entsteht ein Signal, das über einen Nerv ins Gehirn geleitet wird.

3 Orientierung mit dem Seitenlinienorgan

Material C

Kennübung: Einheimische Süßwasserfische

1 Fische lassen sich aufgrund ihrer Ernährungsweise in verschiedene Gruppen einteilen.
   a ◐ Unterscheide die Begriffe Friedfisch, Raubfisch und Allesfresser.
   b ○ Gib für jede Gruppe jeweils zwei Beispiele an.

Aal
- bis zu 1,50 m lang
- schlauchartiger Körper, lange Afterflosse
- Raubfisch
- Allesfresser: frisst auch Würmer, Schnecken, Insektenlarven

Zander
- bis zu 1 m lang
- zwei große Rückenflossen
- wichtiger Speisefisch
- jagt als Raubfisch nach anderen Tieren, vor allem nach Fischen

Wels
- bis zu 3 m lang
- breiter Kopf, 6 Fortsätze am Maul, Bodenfisch
- wird bis zu 80 Jahre alt
- nachtaktiver Raubfisch
- Allesfresser

Bachsaibling
- 30–40 cm lang
- Körper gelblich rot gepunktet
- Bauch und Flossen orange
- liebt klare, kalte, sauerstoffreiche Gewässer
- Raubfisch

Schleie
- bis 50 cm lang
- olivgrün, Flossen abgerundet
- jagt als Friedfisch keine anderen Fische, Nahrung: Würmer, Schnecken, Larven
- lebt am Boden

Flussbarsch
- Körper mit 6–8 senkrechten, dunklen Streifen
- rötlich gefärbte Brust- und Bauchflossen, Rückenflossen mit spitzen Stachelstrahlen
- Raubfisch

Renke
- 30–70 cm lang
- schlanker, seitlich abgeflachter Körper
- kommt häufig in den oberbayerischen Seen vor
- wohlschmeckender Friedfisch

Äsche
- 25–50 cm lang
- fahnenartige Rückenflosse, dahinter kleine Fettflosse
- am Körper dunkle, parallele Striche
- Friedfisch

Atmen und Schweben unter Wasser

1 Hecht auf Beutefang

Stundenlang steht der Hecht zwischen den Pflanzen bewegungslos in seinem Versteck im Wasser. Dann stößt er blitzschnell zu und packt die Rotfeder.

Atmung • Der Hecht öffnet und schließt regelmäßig sein Maul – auch wenn er nicht frisst. Beim Schließen des Mauls öffnen sich gleichzeitig zwei Klappen an den Seiten des Kopfes. Der Hecht atmet. Wie die Landtiere braucht er Sauerstoff zum Atmen, den er sich aus dem Wasser holt.

Kiemen • Fische atmen mit Kiemen. Sie liegen an beiden Seiten des Kopfes. Die Kiemendeckel schützen die Atmungsorgane der Fische.
Die Kiemen bestehen aus hauchdünnen Kiemenblättchen. Sie sind fein gefächert und stark durchblutet. → 2
Durch die sehr dünne Haut der Kiemenblättchen kann der Sauerstoff aufgenommen werden.
Im Wasser ist sehr viel weniger Sauerstoff enthalten als in der Luft. Deshalb müssen die Kiemenblättchen ständig von Wasser umspült werden. An Land verkleben sie, sodass die Fische rasch ersticken.

Atembewegungen • Beim Einatmen saugen die Fische Wasser ein. Bei geschlossenem Mund wird das Wasser in die Kiemenhöhle gedrückt und an den Kiemenblättchen vorbeigeleitet. Dabei nehmen die Kiemenblättchen Sauerstoff auf. Durch die geöffneten Kiemendeckel strömt das Wasser beim Ausatmen wieder nach außen. → 3

2 Kiemen (Kiemendeckel entfernt)

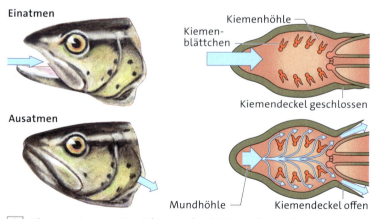

3 Kiemenatmung, Ansicht von der Seite und von oben

die **Kiemen**
der **Kiemendeckel**
die **Kiemenblättchen**
die **Schwimmblase**
der **Auftrieb**

4 Schwimmblase

Schwimmblase • Der Hecht schwebt oft stundenlang im Wasser, ohne seine Flossen zu bewegen. Diese Fähigkeit verdankt er einem besonderen Organ, der Schwimmblase.
Die Schwimmblase ist ein dehnbarer Hautsack, der mit Gas gefüllt ist. Sie liegt in der ebenfalls dehnbaren Bauchhöhle. → 4

Auftrieb • Unser Körper kommt uns im Wasser leichter vor als in der Luft. Ein Luftballon „schießt" sogar nach oben, wenn man ihn unter Wasser drückt. Wir sagen, dass unser Körper und der Luftballon einen Auftrieb erfahren. Die Schwimmblase eines Fisches vergrößert wie ein zusätzlicher Luftballon den Auftrieb, den der Fisch erfährt. Die Wirkung ist umso stärker, je größer die Schwimmblase ist.

Schweben • Ein Fisch schwebt im Wasser, wenn der Auftrieb gerade so groß ist, dass er nicht zum Grund sinkt. Fische können den Auftrieb regulieren, indem sie die Menge des Gases in ihrer Schwimmblase verändern. → 5

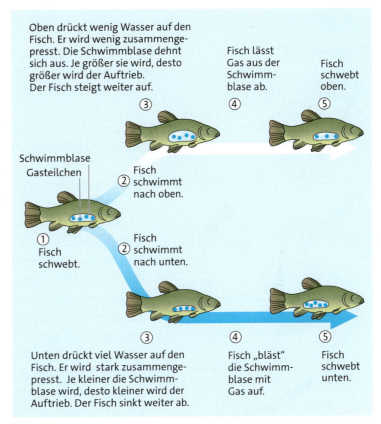

5 Schweben – in verschiedenen Wassertiefen

Fische atmen mit Kiemen.
Die Schwimmblase ermöglicht es Fischen, in unterschiedlichen Wassertiefen zu schweben.

Aufgaben

1 ○ Beschreibe die Kiemenatmung der Fische. → 3

2 ◐ Haie können nicht regungslos in einer bestimmten Tiefe stehen. Sie müssen ständig Schwimmbewegungen ausführen. Vermute eine Ursache für dieses Verhalten.

Atmen und Schweben im Wasser

Material A

Kiemenmodell

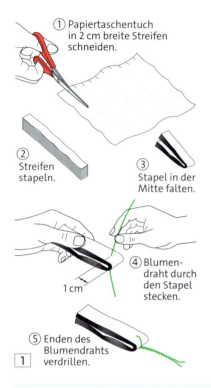

① Papiertaschentuch in 2 cm breite Streifen schneiden.
② Streifen stapeln.
③ Stapel in der Mitte falten.
④ Blumendraht durch den Stapel stecken.
⑤ Enden des Blumendrahts verdrillen.
[1]

Materialliste: Papiertaschentuch, Schere, Blumendraht, Becherglas (250 ml), Wasser

1 Baue das Kiemenmodell mithilfe der Anleitung. → [1]

2 ○ Führe mit dem Modell folgende Versuche durch:
a Bewege dein trockenes Modell in der Luft.
b Tauche das Modell in das Wasser und bewege es leicht hin und her. → [2]
c Ziehe es aus dem Glas und bewege es an der Luft.
d Wiederhole die letzten beiden Schritte dreimal.
e Versuche die feuchten Papierstreifen an der Luft voneinander zu trennen.

[2]

3 ○ Beschreibe deine Beobachtungen.

4 ◐ Erkläre deine Beobachtungen.

5 ◐ Begründe, warum Fische nur im Wasser atmen können und an Land ersticken.

Material B

Auftrieb

Materialliste: eine Stange Knetmasse, Gummifaden, Lineal (30 cm), Schere, Gefäß mit Wasser

1 Knetmasse erfährt im Wasser einen Auftrieb, den du messen kannst.
a Forme aus der Knetmasse eine Kugel. Knete ein Ende des Gummifadens mit ein.
b Kürze den Gummifaden auf 20 cm, ohne ihn zu dehnen.
c Halte die Kugel am Gummifaden und miss seine Länge.
d Tauche die Kugel völlig in das Wasser ein. Sie darf nicht den Boden berühren. → [3] Miss erneut die Länge des Gummifadens.

2 ○ Beschreibe, wie sich der Gummifaden verändert hat.

3 ◐ Erkläre deine Feststellung.

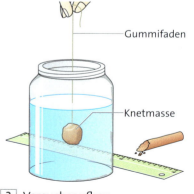
[3] Versuchsaufbau

Lebensraum Gewässer
Lebensgrundlagen Wasser und Boden

Material C

Schwimmblasenmodell

Materialliste: Gefäß mit Wasser, Glaskolben, Plastikschlauch, Luftballon, Klebeband, Schere

Mit einem Modell kannst du die Aufgabe der Schwimmblase nachvollziehen.

1 Das Gefäß ist fast bis zum Rand mit Wasser gefüllt.
a Ziehe den Luftballon über den Plastikschlauch und klebe ihn gut fest. → 4
b Stecke den Luftballon anschließend in den Glaskolben.

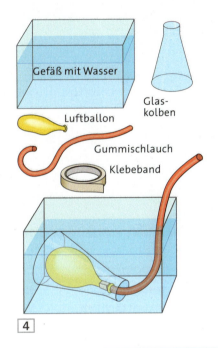

4

c Tauche den Glaskolben in das Gefäß. Achte darauf, dass keine Luftblasen im Kolben bleiben.
d Blase den Luftballon über den Schlauch auf und lass die Luft langsam wieder ab.
e Halte den Kolben in der Schwebe.

2 ⚪ Notiere deine Beobachtungen.

3 🌀 Vergleiche den Modellversuch mit der Wirklichkeit. Beschreibe Unterschiede und Gemeinsamkeiten.

Material D

U-Boot auf Tauchfahrt

Unterseeboote (U-Boote) können im Wasser sinken, steigen oder schweben. In einem U-Boot befinden sich große Tauchtanks, die mit Luft oder mit Wasser gefüllt werden können.

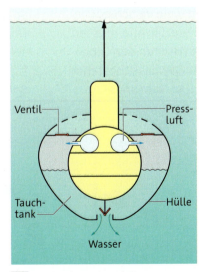

5 Aufsteigendes U-Boot

1 Wenn ein U-Boot auftauchen soll, presst man Luft in seine Tauchtanks. Dabei wird Wasser aus den Tauchtanks nach außen gedrückt. → 5
🌀 Erkläre, warum das U-Boot dadurch steigt.

2 🌀 Beschreibe die Vorgänge beim Sinken des U-Boots.

3 🌀 Erkläre, wie das U-Boot den Schwebezustand erreichen kann.

Nahrungsbeziehungen in einem Gewässer

1 Eisvogel bei der Jagd

Mit seinem dolchartigen Schnabel erbeutet der Eisvogel hauptsächlich kleine Süßwasserfische. Aber auch Frösche, Kaulquappen und Molche stehen auf seiner Speisekarte.

Nahrungsbeziehungen • In einem Gewässer leben viele verschiedene Pflanzen und Tiere. Sie alle müssen sich ernähren. Zwischen den Lebewesen in einem Gewässer bestehen deshalb vielfältige Nahrungsbeziehungen.

Nahrungskette • Pflanzen wie die Wasserpest sind die Grundlage der meisten Nahrungsbeziehungen. Sie stellen sich ihre Nahrung mithilfe der Strahlungsenergie der Sonne selbst her.
Die Wasserpestpflanzen dienen beispielsweise Kaulquappen als Nahrung. Diese sind eine beliebte Beute von Insektenlarven, die wiederum von Teichfröschen gefressen werden. → 2
Solch eine Abfolge von Nahrungsbeziehungen nennt man Nahrungskette.

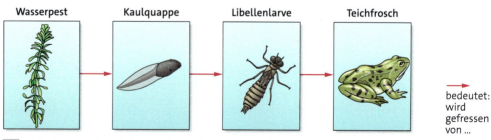

2 Beispiel für eine Nahrungskette in einem Teich

die Nahrungsbeziehung
die Nahrungskette
das Nahrungsnetz
das Räuber-Beute-Modell

Räuber-Beute-Beziehungen • Wenn Räuber ein großes Nahrungsangebot vorfinden, können sie sich gut vermehren. Dies führt dazu, dass sich die Anzahl der Beutetiere verringert und die Nahrung knapp wird. → 3 Trotzdem nimmt in Wirklichkeit die Anzahl der Räuber nicht ab, da sie auf eine andere Nahrungsquelle ausweichen.

Nahrungsnetz • Der Teichfrosch ernährt sich nicht nur von Libellenlarven. Auch Schnecken oder Jungfische werden von ihm gefressen. → 4 Auf diese Weise sind mehrere Nahrungsketten zu einem Nahrungsnetz verknüpft.

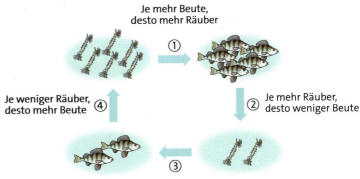

3 Vereinfachtes Räuber-Beute-Modell am Beispiel von Barschen (Räuber) und Mückenlarven (Beute)

> Zwischen den Lebewesen in einem Gewässer bestehen Nahrungsbeziehungen. Eine Folge von Nahrungsbeziehungen bezeichnet man als Nahrungskette.
> Viele verknüpfte Nahrungsketten bilden ein Nahrungsnetz.

Aufgaben

1 ○ Nenne drei Nahrungsketten in einem Teich, die aus jeweils vier Gliedern bestehen. → 4

2 ◐ Erläutere die Räuber-Beute-Beziehung zwischen Barschen und Mückenlarven. → 3

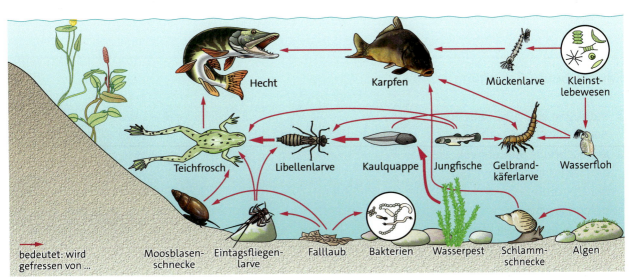

4 Ausschnitt aus dem Nahrungsnetz eines Teiches

Nahrungsbeziehungen in einem Gewässer

Material A

Nahrungsbeziehungen in einem Teich

1 ○ Zeichne drei möglichst lange Nahrungsketten für die Lebewesen im Bild in dein Heft. → 1

2 ◐ Erstelle in deinem Heft ein Nahrungsnetz für die abgebildeten Lebewesen. → 1

3 Ein Sprichwort sagt: „Die Großen fressen die Kleinen."
◐ Bewerte diese Aussage. Trifft sie auch auf die Nahrungsbeziehungen in einem Teich zu?

1

Material B

Räuber-Beute-Beziehung

1 Rotaugen sind eine beliebte Beute der Welse. → 2
a ◐ Beschreibe die sehr vereinfacht dargestellten Räuber-Beute-Beziehungen der beiden Fischarten.
b In der Natur entwickeln sich die beiden Arten nicht nach dem Kurvenverlauf.
◐ Begründe diese Aussage.

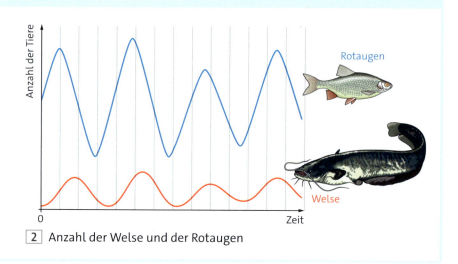

2 Anzahl der Welse und der Rotaugen

Erweitern

Raubfische und Friedfische

3 Hecht

5 Karpfen

Der Hecht – ein Raubfisch • Zwischen Wasserpflanzen ist der Hecht fast nicht zu erkennen. Durch seine bräunlich grüne Farbe mit den dunklen Streifen ist er gut getarnt. Der pfeilförmige Körper und die nach hinten versetzte Rücken- und Afterflosse ermöglichen ihm zusammen mit der Schwanzflosse einen optimalen Antrieb. Sein Wasserwiderstand ist sehr gering. → 3

Beute • Das Maul des Hechts ist mit etwa 700 nadelspitzen Fangzähnen besetzt. Sie sind nach hinten gerichtet und werden bei Verlust erneuert. Unter kräftigen Schlägen der Schwanzflosse schießt der Hecht los und schnappt seine Beute. Auf seiner Speisekarte stehen viele verschiedene Tiere. → 4

Der Karpfen – ein Friedfisch • Der Karpfen ist ein beliebter Speisefisch, der häufig in Fischteichen gezüchtet wird. Die dicke Haut ist durch große Schuppen vor Verletzungen geschützt. Da er sich hauptsächlich auf dem Grund aufhält, ist der Karpfen durch den dunkelgraubraun gefärbten Rücken im Schlamm vor Feinden gut getarnt. → 5

Nahrung • Mit seinem rüsselartigen Maul durchpflügt der Karpfen den Boden des Gewässers auf der Suche nach Nahrung. Sie besteht aus Insektenlarven, Würmern, Schnecken und Pflanzenteilen. Karpfen sind Friedfische. Ihr Maul ist zahnlos.

Aufgaben

1 Der Hecht ist an ein Leben als Raubfisch im Wasser angepasst.
 a ○ Nenne Beispiele dafür.
 b ◐ Vermute, warum seine Zahnstellung für ihn als Raubfisch einen Vorteil darstellt.

2 ○ Vergleiche einen Raubfisch mit einem Friedfisch.

4 „Speisekarte" des Hechts

Eingriffe in den Lebensraum

1 2 Natürlicher und begradigter Bach

Viele Fließgewässer sind vom Menschen stark verändert worden. Bäche und Flüsse wurden begradigt und ihre Ufer befestigt. Dämme und Stauwehre wurden gebaut.

Gewässernutzung • Solange es Menschen gibt, nutzen sie Bäche und Flüsse. Die Fließgewässer liefern Trinkwasser und Fische als Nahrung. Außerdem sind sie wichtige Transportwege. Heute wandelt man zudem in Wasserkraftwerken die Energie des bewegten Wassers in elektrische Energie um.

Weitere wichtige Aufgaben der Fließgewässer sind die Nutzung zur Erholung sowie die Aufnahme von gereinigten Abwässern aus Kläranlagen. → 3 – 6

Eingriffe des Menschen • Viele Flüsse wurden begradigt, um vor allem Siedlungs- und Ackerflächen zu gewinnen. Dabei befestigte man die Ufer, beseitigte Flusswindungen und legte die Auen trocken. So nennt man die natürlichen Überschwemmungsflächen zwischen den Flusswindungen.

3 Fischerei   4 Schifffahrt   5 Freizeitnutzung   6 Wasserkraftwerk

Lebensraum Gewässer
Lebensgrundlagen Wasser und Boden

die Flussbegradigung
der Arten- und Biotopschutz

7 Hochwassergefahr

8 Gewässerverschmutzung

9 Folgen der Schadstoffeinleitung

Folgen für alle Lebewesen • In begradigten Flüssen fließt das Wasser schneller als in naturbelassenen Flussläufen. Das schneller fließende Wasser erhöht die Hochwassergefahr besonders im Mittel- und Unterlauf der Flüsse deutlich. → 7
Flussbegradigungen tragen erheblich zur Zerstörung von Lebensräumen bei. Den begradigten Flüssen fehlen die Uferbereiche mit Pflanzenbewuchs und flachem Wasser. Diese Uferbereiche bieten Laichplätze, Verstecke und Ruheplätze für Fische und andere Tierarten. Vögel brüten und nisten im Uferbereich. Vielen Lebewesen dient der vielfältige Uferbewuchs als Nahrungsquelle.
In der Folge kommen diese Tierarten an begradigten Flüssen nicht mehr vor.

Gewässerschutz • Wenn Schadstoffe in ein Gewässer gelangen, vergiften sie dessen Bewohner. Besonders empfindlich reagieren Laich und frisch geschlüpfte Larven. Deshalb ist es verboten, Fahrzeuge an Gewässern zu waschen. Schon geringste Mengen von Öl und Benzin können das Wasser verunreinigen. → 8 9

Arten- und Biotopschutz • Heute macht man manche Flussbegradigung rückgängig, indem man das Bett eines Flusses in seinen natürlichen Zustand mit Biegungen und Windungen zurückversetzt. Durch die geringere Strömung können sich wieder viele Tier- und Pflanzenarten ansiedeln, die in einem begradigten Fluss keine geeigneten Lebensbedingungen finden.

> Der Lebensraum Gewässer ist durch vielfältige Eingriffe des Menschen gefährdet. Maßnahmen zum Arten- und Biotopschutz tragen zum Erhalt der Vielfalt der Tier- und Pflanzenwelt bei.

Aufgaben

1 ○ Beschreibe die Vorteile eines natürlichen Bachlaufs gegenüber einem begradigten Bachlauf. → 1 2

2 ◐ „Begradigte Flüsse führen zu eintönigen Lebensräumen." Begründe diese Aussage.

Eingriffe in den Lebensraum

Material A

Veränderungen natürlicher Lebensräume

Durch Eingriffe des Menschen in den Lebensraum Fließgewässer wurden die Lebensbedingungen für Pflanzen und Tiere nachhaltig verändert.

1 Seht euch die beiden Bilder einer Flusslandschaft an. → [1] [2]
a ◐ Benennt einzelne Lebensräume im Bild von 1910.
b ◐ Beschreibt, wie sich diese Lebensräume in rund 100 Jahren verändert haben.
c ◐ Vermutet, welche Auswirkungen diese Veränderungen auf die Tier- und Pflanzenwelt hatten.
d ● Diskutiert mögliche Maßnahmen unter dem Aspekt des Arten- und Biotopschutzes.

[1] Flusslandschaft 1910

[2] Flusslandschaft 2017

Material B

Renaturierung eines Fließgewässers

Unter Renaturierung versteht man die Wiederherstellung naturnaher Lebensräume.

1 ○ Beschreibe die Schritte auf dem Weg zu einem naturnahen Bach. → [3] – [5]

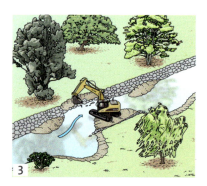

Erweitern

Projekt Bachpatenschaft

Bachpatenschaft • Nicht nur Vereine und Verbände können Bachpaten werden. Auch ganze Schulen oder einzelne Schulklassen kommen dafür infrage. Bachpaten übernehmen Verantwortung für einen Bach oder einen Bachabschnitt in ihrer Nähe.

Aufgaben • Als Bachpate kann man sich aktiv für den Gewässerschutz und die Umwelt einsetzen. Die Bachpatenschaft kann sehr viel Freude bereiten. Sie erfordert aber auch Einsatz, Ausdauer und Durchhaltevermögen bei der Erfüllung der Aufgaben. Die Bachpaten:
- beobachten regelmäßig den Bach und das Ufer und notieren Veränderungen und Verunreinigungen.
- bepflanzen das Ufer. → 6
- pflegen die Uferpflanzen.
- reinigen den Bach und das Ufer von Unrat und Müll. → 7
- informieren Mitschülerinnen und Mitschüler über geplante Aktionen.
- stellen Schautafeln mit Informationen über die Tier- und Pflanzenwelt am Bach auf.

Vorbereitung • Für eine erfolgreiche Bachpatenschaft wird eine gründliche Vorbereitung und etwas Sachkenntnis benötigt. Zunächst muss mit der Stadt- oder Gemeindeverwaltung gesprochen werden. Sie kann die gewünschte Patenschaft für einen festgelegten Zeitraum übertragen. Bei der Bepflanzung des Ufers stehen die Gemeinde, die Naturschutzbehörde im Landratsamt oder auch Fischereiverbände hilfreich zur Seite.

Aufgaben

1 ○ Ermittelt, ob es in der Nähe eurer Schule einen Bach gibt, der sich für eine Patenschaft eignet.

2 ◐ Diskutiert in der Klasse die Möglichkeit der Übernahme einer Bachpatenschaft.

6 Pflanzaktion

7 Uferreinigung

Lebensraum Gewässer

Zusammenfassung

Lebensraum Gewässer • Wir unterscheiden Fließgewässer und stehende Gewässer. → 1 2
Sie sind Lebensraum für viele Pflanzen- und Tierarten. Zeigerarten lassen Rückschlüsse auf die Wasserqualität zu. Mit ihnen kann die Gewässergüte bestimmt werden.

1 Gebirgsbach

2 Teich

Lebewesen bestehen aus Zellen • Zellen sind die Grundbausteine von Lebewesen. Im Mikroskop erkennt man die Bestandteile einer Zelle. In den Zellen wird das Zellplasma durch die Zellmembran nach außen abgegrenzt. Im Zellplasma liegt der Zellkern. Pflanzenzellen besitzen zusätzlich noch eine Zellwand und Blattgrünkörner. → 3

Einzellige Lebewesen • Einige Pflanzen und Tiere bestehen nur aus einer einzigen Zelle, in der alle Vorgänge des Lebens ablaufen. → 4

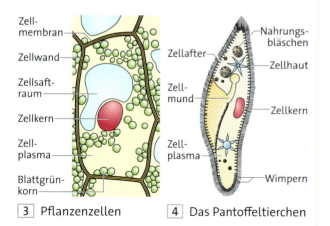
3 Pflanzenzellen
4 Das Pantoffeltierchen

Leben im Wasser • Fische sind sehr gut an die Fortbewegung im Wasser angepasst durch verschiedene Flossentypen, eine strömungsgünstige Körperform und eine Schleimschicht. → 5
Mit ihren Kiemen können Fische unter Wasser atmen. Fische schweben im Wasser mithilfe ihrer Schwimmblase.

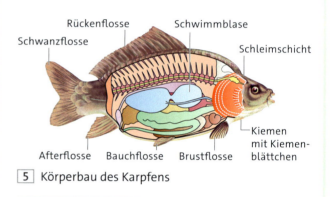
5 Körperbau des Karpfens

Nahrungsbeziehungen • Zwischen den Tieren und Pflanzen eines Gewässers bestehen Nahrungsbeziehungen. Sie können in Nahrungsketten und Nahrungsnetzen dargestellt werden. Am Anfang stehen meist grüne Pflanzen. → 6

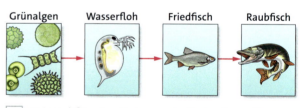
6 Beispiel für eine Nahrungskette in einem See

Eingriffe in den Lebensraum • Viele Tier- und Pflanzenarten sind gefährdet oder vom Aussterben bedroht. Gewässerbegradigungen, die Einleitung von Schadstoffen oder die Zerstörung des Lebensraums können die Ursachen sein.

Teste dich! (Lösungen auf S. 189)

Lebensraum Gewässer

1 ○ Beschreibe die Unterschiede zwischen Seen, Weihern, Tümpeln und Teichen.

Lebewesen bestehen aus Zellen – Einzellige Lebewesen

2 ○ Ordne den Buchstaben die richtigen Zellbestandteile zu. → 7

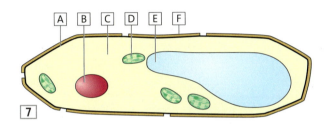

7

3 ◐ Pflanze oder Tier?
a Ordne die Bilder zu und begründe. → 8 – 16
b „Bild 8 stellt eine tote Zelle dar." – Richtig oder falsch? Gib deine Meinung an.

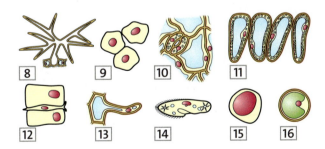

4 ○ Nenne drei Beispiele für Einzeller.

Leben im Wasser

5 Skizziere den Körperbau eines Fisches.
a ○ Zeichne die Flossen ein und beschrifte sie.
b ◐ Erkläre die Aufgaben der einzelnen Flossen.

6 ◐ Bestimmte Körpermerkmale machen einen Fisch zu einem guten Schwimmer. Bewerte unter diesem Gesichtspunkt die drei Fische. → 17

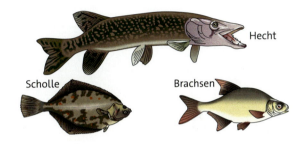

17 Welcher Fisch ist der beste Schwimmer?

7 ◐ Fische atmen mit besonderen Organen. Beschreibe die Atmung der Fische. → 18

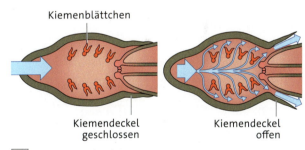

18 Atmung mit Kiemen

Nahrungsbeziehungen

8 ○ Erstelle eine fünfgliedrige Nahrungskette von den Algen bis zum Menschen.

Eingriffe in den Lebensraum

9 ◐ Nenne mögliche Ursachen für das Aussterben bestimmter Tier- und Pflanzenarten in einem Gewässer.

Stoffkreislauf und Boden

Der Baummarder ist nicht nur Jäger – er wird auch selbst gejagt. Vor einem geflügelten Räuber muss er sich in Acht nehmen.

Zuckersüß schmeckt die Walderdbeere.
Wo entsteht der Zucker und wie gelangt er in die Frucht?

Schwupp! Das Blatt verschwindet im Boden. Es dient einem wichtigen Bodenbewohner als Nahrung.

Nahrungsbeziehungen im Wald

[1] Rotfuchs mit Beute

Material zur Erarbeitung: A

Der Rotfuchs lebt vorwiegend im Wald. Seine Hauptbeute sind Mäuse. Im Wald leben auch noch andere Tiere. Wie ernähren sie sich?

Ökosystem Wald • Im Wald leben viele Pflanzen und Tiere in ihren unterschiedlichen Lebensräumen. Das kann der Waldrand sein oder der Waldboden. Die Lebewesen stehen untereinander und mit ihrem Lebensraum in Beziehungen. Die Lebewesen und der Lebensraum bilden zusammen ein Ökosystem. → [2] Die Eiche, der Fuchs und die Gelbhalsmaus sind beispielsweise Lebewesen im Ökosystem Wald. → [3]

Der Fuchs ist ein Jäger • In der Dämmerung und nachts durchstreifen Füchse den Wald. Sie jagen fast immer allein nach Tieren, die kleiner sind als sie selbst. Dabei durchsuchen sie jedes Dickicht und lauern vor Mauselöchern. Wenn ein Fuchs eine Maus wahrnimmt, so springt er auf sie. Er drückt sie mit den Vorderläufen zu Boden und tötet sie mit einem Biss.

Neben Mäusen erbeuten Füchse auch andere Tiere, zum Beispiel Kaninchen, Vögel und Regenwürmer.

Auch Pflanzen werden von Füchsen gefressen. Im Sommer und im Herbst gehören Beeren und Früchte zu ihrer Nahrung.

Füchse haben kaum natürliche Feinde. Jungfüchse fallen aber manchmal Uhus oder Luchsen zum Opfer.

[2] Ökosystem Wald

[3] Die Gelbhalsmaus

Gelbhalsmaus • Der Name leitet sich von dem gelblichen Fell am Hals der Mäuse ab. → 3
Diese Nagetiere leben im Wald in großen Gruppen in unterirdischen Bauen. Sie fressen neben Insekten vor allem Gräser, Kräuter, Samen und Früchte wie Eicheln und Haselnüsse.
Nicht nur Füchse, auch Marder und Käuze jagen Gelbhalsmäuse im Wald.

Nahrungskette • Pflanzen bilden die Grundlage der Nahrungsbeziehungen in einem Ökosystem. Die Gelbhalsmaus ernährt sich von Eicheln. Die Maus selbst wird vom Fuchs gefressen. Die Nahrungsbeziehungen zwischen der Eiche, der Gelbhalsmaus und dem Fuchs lassen sich als Nahrungskette darstellen. → 4

Nahrungsnetz • Im Ökosystem Wald gibt es viele Nahrungsketten. Die meisten Lebewesen ernähren sich nicht nur von einer Nahrungsquelle. Eine Gelbhalsmaus verzehrt nicht nur die Früchte der Eiche, sondern auch Gräser und Kräuter. Diese Pflanzen werden auch von Kaninchen gefressen. Der Fuchs wiederum jagt auch noch andere Tiere. So sind die Nahrungsketten in einem Wald miteinander verknüpft. Man kann sie als ein Nahrungsnetz darstellen. → 5

> Pflanzen und Tiere des Waldes bilden Nahrungsketten.
> Die Nahrungsketten sind miteinander verknüpft, sodass ein Nahrungsnetz entsteht.

das Ökosystem
die **Nahrungskette**
das **Nahrungsnetz**

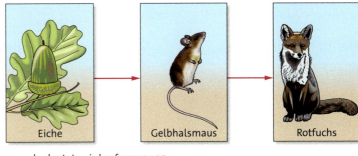

→ bedeutet: wird gefressen von
4 Nahrungskette im Wald

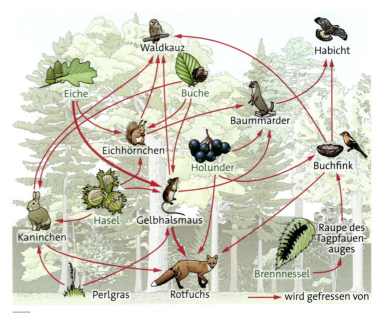

5 Nahrungsnetz im Wald

Aufgaben

1 🔵 Zeichne mithilfe der Lebewesen aus Bild 5 drei weitere Nahrungsketten. Beschreibe anschließend diese Nahrungsketten.

2 🔵 Erkläre den Unterschied zwischen Nahrungskette und Nahrungsnetz.

Nahrungsbeziehungen im Wald

Material A

Wer hat an der Nuss gefressen?

Haselsträucher sind in der Natur regelmäßig an Waldrändern zu finden. Häufig werden sie in Hecken gepflanzt, oft auch an Schulhöfen. Die Früchte, die Haselnüsse, schmecken nicht nur dem Menschen. Auch vielen Tieren wie Mäusen, Vögeln oder Insekten dienen sie als Nahrung. Für das „Knacken" der Nüsse haben die Tiere unterschiedliche Techniken. Anhand der Fraßspuren kann man erkennen, welches Tier an der Nuss gefressen hat.

Materialliste: gesammelte Haselnüsse, Tierabbildungen aus Bestimmungsbüchern, Zeichenkarton, Stifte

1 Untersuche die Haselnüsse nach Fraßspuren. Sortiere die angefressenen Nüsse heraus.
   ◐ Bestimme, wer an den Nüssen gefressen hat.
   → 1 – 6

2 Klebe die Nüsse mit einem Bild des passenden Tiers auf Zeichenkarton.
   ○ Beschrifte dein Ergebnis.

3 ◐ Stellt eure Ergebnisse in einer Ausstellung vor.

3 Die Haselmaus

4 Der Eichelhäher

5 Die Gelbhalsmaus

6 Der Haselnussbohrer

1 Der Haselstrauch

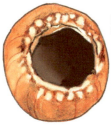
Haselmäuse nagen sehr runde Löcher mit Zahnspuren entlang der Kante.

Eichelhäher zerbrechen oder halbieren die Nüsse.

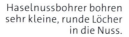
Gelbhalsmäuse nagen Löcher mit Zahnspuren senkrecht zum Öffnungsrand und hinterlassen deutliche Spuren auf der Nussoberfläche.

Haselnussbohrer bohren sehr kleine, runde Löcher in die Nuss.

2 Fraßspuren an Haselnüssen

Material B

Alles hängt zusammen

In einem Wald leben viele verschiedene Lebewesen zusammen. Sie stehen miteinander in Beziehung und sind teilweise auch voneinander abhängig.

1 ⭘ Nahrungsketten im Wald → 7

a Erstelle mit den abgebildeten Tieren und Pflanzen eine möglichst lange Nahrungskette in deinem Heft. Stelle die Nahrungsbeziehungen mit Pfeilen dar. Die Pfeilspitze zeigt immer auf das Lebewesen, welches das andere frisst.

b Finde eine weitere Nahrungskette, an deren Ende der Mensch steht.

2 ◐ Erstelle ein Nahrungsnetz für alle gezeichneten Lebewesen. → 7

3 Durch die Untersuchung von Kotproben weiß man, dass Luchse unter anderem Rehe, Kaninchen, Mäuse, Vögel und Füchse fressen.

● Zeichne ein Nahrungsnetz mit dem Luchs und seinen Beutetieren. Ergänze auch Lebewesen, von denen die Beutetiere sich ernähren.

Grüner Eichenwickler
Nahrung: junge Eichenblätter

Großer Puppenräuber
Nahrung: Raupen

Eichelhäher
Nahrung: Eicheln, Bucheckern, Früchte, Vogeleier, Jungvögel, Mäuse, Eidechsen

Buchfink
Nahrung: Samen, Beeren, Insekten, Spinnen

Waldkauz
Nahrung: Mäuse, kleine Vögel, Eichhörnchen

Eichhörnchen
Nahrung: Früchte, Samen, Insekten, Jungvögel, Vogeleier

Haselmaus
Nahrung: Eicheln, Bucheckern, Früchte

Wildschwein
Nahrung: Früchte, Wurzeln, Insekten, Pilze, Mäuse, Jungvögel, tote Tiere

Hainbuche

Stieleiche

Schwarzer Holunder

7

Die Fotosynthese

1 Unreife Eicheln – die Früchte der Eiche

Für viele Tiere sind Eicheln ein wichtiges Nahrungsmittel im Herbst und im Winter.
Wie können die Bäume jedes Jahr wachsen und zusätzlich noch nahrhafte Früchte bilden?

Fotosynthese • Die Strahlungsenergie des Sonnenlichts kann in andere Energieformen umgewandelt werden. Grüne Pflanzen wie die Eiche fangen Strahlungsenergie auf. Mit ihrer Hilfe werden in den Pflanzenzellen aus Kohlenstoffdioxid und Wasser energiereiche Kohlenhydrate aufgebaut wie Traubenzucker und Stärke. Als Abfallprodukt entsteht Sauerstoff. → 2

Da dieser Vorgang nur im Licht abläuft, bezeichnet man ihn als Fotosynthese. Das bedeutet Licht-Stoffaufbau.

Wo die Fotosynthese stattfindet • Die Fotosynthese erfolgt in den grünen Blättern der Pflanzen. Es können nur die Zellen Fotosynthese betreiben, die den grünen Blattfarbstoff in den Blattgrünkörnern enthalten.

Transportwege • Für die Fotosynthese wird Kohlenstoffdioxid aus der Luft benötigt. Es gelangt durch Spaltöffnungen zu allen Zellen des Blattes. Bei der Fotosynthese in den Zellen entsteht Sauerstoff. Er wird durch die

2 Wortgleichung der Fotosynthese

die **Fotosynthese**
der **grüne Blattfarbstoff**
das **Blattgrünkorn**
der **Traubenzucker**

Spaltöffnungen in umgekehrter Richtung an die Luft abgegeben.
Das Wasser und die darin gelösten Mineralstoffe werden von der Wurzel durch röhrenförmige Gefäße in die Blätter transportiert. → 3

Speicherung der Nährstoffe • In Eicheln werden die erzeugten Kohlenhydrate in Form von Stärke gespeichert. Die Stärke hat keinen Geschmack und löst sich nicht in Wasser.
Viele andere Früchte wie Weintrauben, Erdbeeren oder Kirschen schmecken dagegen süß. Hier werden die Kohlenhydrate in Form von Traubenzucker gespeichert.

Stoffaufbau • Die Pflanzen verwenden einen Teil des gebildeten Traubenzuckers für sich, um Bau- und Farbstoffe zu erzeugen. Der Rest des Traubenzuckers wird in den meisten Pflanzen über haarfeine Röhren in die Speicherorgane transportiert und dort in Stärke umgewandelt. Beispiele für Speicherorgane sind neben den Eicheln die Knollen der Kartoffel, die Samen des Weizens oder die Blätter der Begonie.

Bedeutung der Fotosynthese • Pflanzen stehen am Beginn der Nahrungskette. Menschen und Tiere nehmen die von den Pflanzen gebildeten Nährstoffe mit der Nahrung auf. Ihre Körper werden so mit Energie versorgt.
Ohne den bei der Fotosynthese entstehenden Sauerstoff wäre zudem ein Leben auf der Erde für Menschen und Tiere nicht möglich.

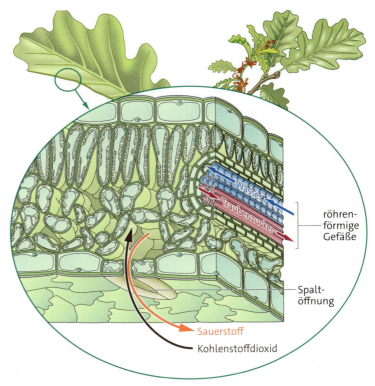

3 Fotosynthese in einem Blatt

Bei der Fotosynthese erzeugen Pflanzen mithilfe der Strahlungsenergie des Lichts aus Kohlenstoffdioxid und Wasser energiereichen Traubenzucker. Außerdem wird Sauerstoff freigesetzt.
Pflanzen bilden die Grundlage des Lebens.

Aufgaben

1 ○ Gib die Wortgleichung der Fotosynthese an.

2 ◐ Die Zellen des Eichenstamms können keine Fotosynthese betreiben. Begründe dies.

Die Fotosynthese

Material A

Wachstum durch Fotosynthese

Ein Weidenbäumchen wurde in 90 kg getrocknete Erde gepflanzt und regelmäßig gegossen. → 1
Nach fünf Jahren wurden die Weide und die trockene Erde wieder gewogen. → 2

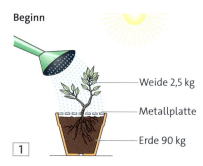

Beginn
- Weide 2,5 kg
- Metallplatte
- Erde 90 kg

1

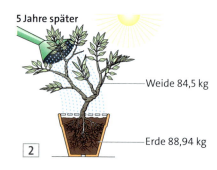

5 Jahre später
- Weide 84,5 kg
- Erde 88,94 kg

2

1 ○ Beschreibe das Versuchsergebnis.

2 ◐ Begründe, warum die Erde vor und nach dem Versuch getrocknet wurde.

3 ● Erläutere das Versuchsergebnis mit deinem Wissen über die Vorgänge bei der Fotosynthese. Finde auch eine Erklärung für das geringere Gewicht der Erde. → 2

Material B

Nachweis von Sauerstoff

Materialliste: 4–6 Zweige Wasserpest, Becherglas, Trichter mit durchbohrtem Stopfen, Reagenzglas, Stativ mit Klemme, Holzspan

1 Versuchsaufbau
a Stelle das Becherglas ins Licht. Fülle Wasser ein.
b Gib die Zweige in den Trichter und tauche ihn umgekehrt in das Becherglas.
c Fülle das Reagenzglas mit Wasser. Halte es mit dem Daumen zu und tauche es umgekehrt in das Becherglas. Es darf keine Luft in das Reagenzglas gelangen. → 3

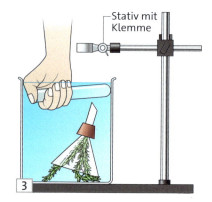

Stativ mit Klemme

3

d Nimm unter Wasser den Daumen weg. Setze das Reagenzglas auf den Trichter. Befestige es am Stativ. → 4
e Warte mehrere Tage, bis sich das Reagenzglas mit Gas gefüllt hat. Halte es unter Wasser mit dem Daumen zu und nimm es vom Trichter.

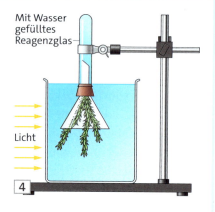

Mit Wasser gefülltes Reagenzglas

Licht

4

f Führe zum Nachweis des Sauerstoffs die Glimmspanprobe durch (siehe S. 27).
g ○ Beschreibe deine Beobachtungen.

2 ◐ Erkläre die Versuchsergebnisse. Nutze die Wortgleichung der Fotosynthese.

Material C

Leistung einer Buche bei der Fotosynthese

Eine 100-jährige Buche trägt mehr als 600 000 Laubblätter.

1 ○ Beschreibe die tägliche Leistung einer 100-jährigen Buche bei der Fotosynthese. → 5

2 Ein Mensch benötigt etwa 1,3 kg Sauerstoff pro Tag.
◐ Bewerte die Sauerstoffleistung dieses Laubbaums.

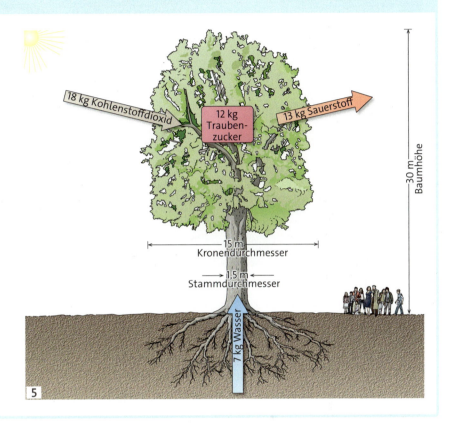

Material D

Stärkenachweis

Eine Begonienpflanze wurde für 24 Stunden verhüllt. Die Blätter wurden teilweise abgedeckt. → 6 Anschließend wurden die Blätter für mehrere Stunden beleuchtet.

1 ○ Beschreibe den Ablauf des Versuchs. → 6

2 ◐ Erkläre das Versuchsergebnis (siehe S. 194). → 6

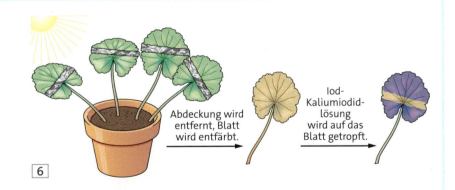

3 ◐ Erkläre, weshalb die Pflanze bestrahlt wurde.

4 ● Erkläre, weshalb die Pflanze zu Beginn des Versuchs für 24 Stunden im Dunkeln gehalten wurde.

In der Natur gibt es keinen Abfall

1 Was passiert mit den abgestorbenen Blättern im Herbst?

Material zur Erarbeitung: A

Die Eichenblätter verfärben sich im Herbst und fallen auf den Boden. Im Frühling sind kaum mehr Reste zu sehen. Auch die Überreste von toten Tieren bleiben nicht lange liegen.

Erzeuger • Du weißt bereits, dass die grünen Pflanzen die Strahlungsenergie der Sonne zur Fotosynthese nutzen. Die in den Pflanzen gespeicherten Nährstoffe bilden die Grundlage für jede Nahrungskette im Ökosystem Wald. → 2

Verbraucher • Viele Lebewesen verbrauchen die Nährstoffe, die von den Pflanzen erzeugt wurden. Sie werden daher Verbraucher genannt. Das gilt beispielsweise für das Eichhörnchen, das sich von Eicheln ernährt. → 3 Wie verhält es sich mit den Raubtieren, die andere Tiere fressen? Auch ihre Ernährung hängt von den Pflanzen ab. So verbraucht zum Beispiel ein Baummarder letztendlich Nährstoffe aus Pflanzen, wenn er ein Eichhörnchen frisst.

2 Erzeuger: Eichenbäumchen

3 Verbraucher: Eichhörnchen

4 Zersetzer: Kugelspringschwanz

Zersetzer • Eine unglaubliche Vielzahl von Kleintieren, Bakterien und Pilzen zersetzt die Überreste von abgestorbenen Tieren und Pflanzen – auch die Blätter im Wald. Man nennt diese Lebewesen daher Zersetzer. Beispiele für Zersetzer sind Regenwürmer, die nur wenige Millimeter großen Springschwänze und Asseln. Sie zerkleinern zunächst die zerfallenden Tierkörper und Pflanzenteile. → 4 Die Regenwürmer lockern dabei auch den Boden auf.

Totengräber nennt man Käfer, die die wichtige Aufgabe des „Leichenbestatters" erfüllen. Sie vergraben tote Kleintiere im Boden und zersetzen sie. Pilze und Bakterien bauen das zerkleinerte Material dann weiter zu Wasser, Kohlenstoffdioxid und Mineralstoffen ab.

Stoffkreislauf • Der Austausch der Stoffe im „Recycling"-Prozess wird auch Stoffkreislauf genannt. → 5 Die Eiche gehört zu der Gruppe der Erzeuger. Das Reh frisst die Eicheln und die Eichenblätter. Sowohl die liegengebliebenen Blätter der Eiche als auch die Reste eines toten Tieres werden von den Zersetzern zerkleinert. Die dabei entstehenden Mineralstoffe kann die Eiche über die Wurzeln aus dem Boden aufnehmen. Der Stoffkreislauf schließt sich.

> Erzeuger, Verbraucher und Zersetzer bilden einen Stoffkreislauf. Durch das natürliche „Recycling" entsteht kein Abfall.

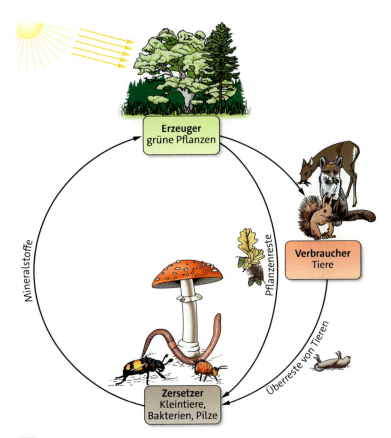

5 Stoffkreislauf im Wald

Aufgaben

1 ○ Ordne die folgenden Lebewesen den Erzeugern, Verbrauchern und Zersetzern zu: Raupe, Fuchs, Fliege, Pilze, Esche, Milbe, Birke, Frosch, Regenwurm, Holunder, Bakterien.

2 ◐ Erkläre die Bedeutung der zwei Pfeile, die vom Erzeuger ausgehen. → 5

3 ● Ein Maisfeld muss im Gegensatz zu einem natürlichen Wald gedüngt werden. Begründe es.

In der Natur gibt es keinen Abfall

Material A

Zersetzte Blätter

Materialliste: frisch gesammelte Laubblätter eines Baumes (unterschiedlich stark zersetzt); weiße Plastikschale oder Teller, Pinzetten, Holzstäbchen, Lupen, Papier

1 Betrachte die gesammelten Blätter gründlich mit der Lupe von allen Seiten. Untersuche sie mithilfe von Pinzette und Holzstäbchen genauer. Wie sieht die Blattoberfläche aus? Welche Tiere findest du?

○ Beschreibe deine Beobachtungen.

2 ○ Ordne deine Laubblätter von wenig zu stark zersetzten. → 1

3 ◐ Schreibe eine kurze Geschichte darüber, was mit einem zu Boden gefallenen Blatt passiert und wie es sich verändert. Beginne zum Beispiel so: „Das abgestorbene Blatt liegt auf dem Waldboden ..."

1 Zersetztes Laub

Material B

Was macht der Regenwurm im Boden?

Verändern Regenwürmer den Boden? Wovon ernähren sich Regenwürmer?

Materialliste: Schraubglas (500 ml) mit durchlöchertem Deckel, etwa 20 Regenwürmer, Blumen- oder Graberde, heller Sand, Laub, Gras, dunkles Tuch, Sprühflasche mit Wasser

Achtung • Behandle die Tiere vorsichtig. Bringe sie zurück in die Natur.

1 Vorbereitung des Regenwurmglases
a Fülle das Glas abwechselnd mit hellem Sand und dunkler Erde. → 2 Gib zum Abschluss Laub und Gras hinzu. Befeuchte den Boden mit Wasser.
b Lege die Regenwürmer vorsichtig auf die obere Schicht. Verschließe das Glas und decke es mit dem Tuch ab. Stelle es in einen dunklen, kühlen Raum.
c Kontrolliere für eine Woche alle zwei Tage. Befeuchte etwas die Oberfläche.
d ○ Beobachte, wie sich die Regenwürmer eingraben.
e ◐ Notiere in den nächsten Wochen die Veränderungen im Glas.
f ○ Dokumentiere die Veränderungen mit Fotos.

2 ◐ Präsentiere deine Ergebnisse in Form eines Plakats.

2 Das Regenwurmglas

Erweitern

Der „Leichenbestatter" der Kleintierwelt

Totengräber • Diese kleinen Käfer haben eine besondere Bedeutung im Stoffkreislauf der Natur. Man findet sie in Europa, Asien und Nordamerika.
Der Gemeine Totengräber wird 10–24 mm lang. Sein Körper glänzt schwarz metallisch. Auf den Flügeln trägt er zwei orangefarben gezackte Bänder. → 3

3 Totengräber auf einem toten Jungvogel

Aaskugel • Die Totengräber ernähren sich von Aas, das heißt von den Resten toter Tiere. Bereits aus der Entfernung können die Käfer eine Tierleiche riechen. Ein Totengräberpärchen gräbt dann das tote Tier ein. Dazu schaufeln die Käfer die Erde unter dem Aas zur Seite. → 4 Allmählich rutscht der Tierkörper nach unten und wird zur Kugel geformt. → 5 Gleichzeitig entsteht rundherum ein Erdwall.

Brutpflege • Das Weibchen legt etwa 10 Eier in kleine Erdhöhlen rund um die vergrabene Aaskugel und jagt das Männchen fort. Dann begibt sich das Weibchen zur Aaskugel und frisst. Gleichzeitig scheidet sie eine Flüssigkeit aus, die das Aas durchtränkt und vorverdaut.

Aus den Eiern schlüpfen nach fünf Tagen Larven. Sie bohren sich rasch zur Aaskugel vor. Dort werden sie von der Mutter mit Tröpfchen aus dem vorverdauten Aas gefüttert.
Sieben Tage später durchbohren die Larven das umliegende Erdreich und verpuppen sich. Die Jungkäfer schlüpfen nach zwei Wochen.
Indem die Totengräber Aas verwerten, sind sie ein wichtiger und nützlicher Teil des „Recycling"-Prozesses in der Natur.

Aufgabe

1 ○ Beschreibe, wie die Totengräber das Aas vergraben. → 4 5

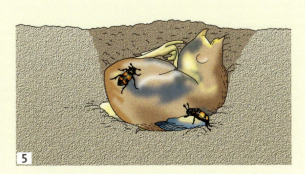

Der Boden lebt

[1] 1 Meter mal 1 Meter mal 0,3 Meter Boden

Materialien zur Erarbeitung: A–D

Wie viele Lebewesen leben in diesem Stück Boden?

Lebewesen • Als Boden bezeichnet man den oberen Teil der Erdkruste, der pflanzliches und tierisches Leben enthält. Forscher haben festgestellt, dass in einem Quadratmeter Boden mit 30 cm Tiefe unzählige Lebewesen existieren. → [2] Mäuse, Ringelwürmer, Schnecken und manche Spinnentiere wie Zecken und Bodenspinnen kann man mit bloßem Auge erkennen. Daneben gibt es viele Gruppen von Lebewesen, die man nur mit einer Lupe oder einem Mikroskop sehen kann. Dazu gehören Käfer, Pilze, Bakterien und andere Kleinlebewesen. Sie leisten in verschiedenen Bodenbereichen eine wichtige Arbeit, indem sie die Überreste von Pflanzen und Tieren zersetzen.

Der Regenwurm • Neben dem Blutegel zählt er zu den bekanntesten Ringelwürmern. Der Regenwurm ist eines der stärksten Tiere überhaupt, bezogen auf seine Größe. Je Quadratmeter können sich mehr als 400 Regenwürmer durch die Erde graben. Die Tiere lockern und durchlüften dabei den Boden. Regenwürmer ernähren sich von abgestorbenen Pflanzenresten. Mit ihrem mineralstoffreichen Kot düngen sie den Boden und sorgen für ein besseres Pflanzenwachstum.

Lebewesen	Anzahl (Durchschnitt)
Schnecken	50
Spinnen	50
Asseln	50
Regenwürmer	80
Käfer und Käferlarven	100
Springschwänze	50 000
Milben	100 000
Fadenwürmer	1 000 000
Pilze	1 000 000 000
Bakterien	1 000 000 000 000

[2] So viele Lebewesen leben in 1 Quadratmeter Boden bis in 30 cm Tiefe.

> Im Boden befindet sich eine Vielzahl von Lebewesen. Sie sind für die Zersetzung der Überreste von Pflanzen und Tieren zuständig.

Aufgaben

1 Erkundige dich nach einem Vertreter der Spinnentiere (z. B. der Zecke) und erstelle einen Steckbrief.

2 Wie viele Fadenwürmer, Pilze und Bakterien findet man in einem Quadratmeter Boden? Nenne die Zahlen. → [2]

die Ringelwürmer
die Spinnentiere

Material A

Kennübung: Tiere im Boden

1 🔍 Gib an, welches der Tiere zur Tiergruppe der Spinnentiere gezählt wird. → ③ – ⑩
Tipp: Spinnentiere haben vier Beinpaare. Du kannst die „Beinuhr" auf Seite 93 nutzen oder nach Informationen im Internet suchen.

3 Regenwurm
- 10–30 cm groß
- frisst Gräser, Blätter
- zersetzt abgestorbene Pflanzen und bildet Humus

4 Steinläufer
- 10–33 mm groß
- frisst Insekten
- Beutetiere werden mit einem Gift gelähmt

5 Mistkäfer
- 16–25 mm groß
- frisst Kot von Pflanzenfressern
- kann rückwärtskrabbeln und sich eingraben

6 Schnurfüßer
- bis 40 mm groß
- frisst Reste von Pflanzen und Aas
- rollt sich bei Gefahr zusammen

7 Pseudoskorpion
- 1–5 mm groß
- frisst Insekten
- fängt Beutetiere mit seinen Scheren, tötet sie mit einem Verdauungssaft

8 Ohrwurm
- bis ca. 20 mm groß
- frisst Blattläuse, Raupen, Pflanzen
- gibt bei Angriffen eine stinkende Flüssigkeit ab

9 Saftkugler
- 7–20 mm groß
- frisst Pflanzen und Aas
- rollt sich bei Gefahr zu einer Kugel zusammen, kann Angreifer mit einem Gift betäuben

10 Ameise
- 7–20 mm groß
- frisst Insekten, Samen, Saft von Blattläusen
- bildet Staaten und baut große Ameisenhaufen

Der Boden lebt

Material B

Tiere in der oberen Bodenschicht

Materialliste: Handschaufel, Behälter mit Deckel (ca. 1 l), weißes Leinentuch, Becherlupe, Zeichenmaterial, Erde aus der oberen Bodenschicht, Smartphone

Achtung • Behandelt die Tiere vorsichtig. Bringt sie zurück in die Natur.

1 Breitet das Tuch auf dem Boden aus. → [1] Verteilt eine Schaufel Erde so darauf, dass sich die Tiere nicht verstecken können.

2 Untersucht die Erde mit der Becherlupe. Findet ihr Tiere darin?
○ Fotografiert und skizziert drei auffällige Tiere.

1

Material C

Lichtfalle für Bodenlebewesen

Bodentiere meiden das Licht und suchen Dunkelheit und Feuchtigkeit. Mit einer Lichtfalle kannst du die Lebewesen aus dem Boden locken.

Materialliste: Trichter, grobes Sieb, Pappkarton mit Loch im Deckel, Filterpapier, Lampe, leere Konservendose ohne Deckel, Waldboden und Laub, Becherlupe, Smartphone, Zeichenmaterial, Wasser

Achtung • Behandelt die Tiere vorsichtig. Bringt sie zurück in die Natur.

2

1 ◐ Plant einen Versuch, um die Bodentiere in das Gefäß zu locken. → [2]

2 ○ Führt den Versuch durch. Beschreibt, wie ihr schrittweise vorgegangen seid. Skizziert oder fotografiert euren Versuchsaufbau.

3 ○ Betrachtet die Tiere mit der Lupe und beschreibt ihr Aussehen.

4 ◐ Nun könnt ihr die Tiere bestimmen, zum Beispiel mit der „Beinuhr" auf der Nebenseite.

Material D

Bodenlebewesen bestimmen – mit der „Beinuhr"

Materialliste: Lineal, Lupe oder Becherlupe, Bodenlebewesen oder Fotos von ihnen

Achtung • Behandelt die Tiere vorsichtig. Bringt sie zurück in die Natur.

Beschreibung	Großgruppe	Name des Tiers
6 Beine, schwarzroter Körper, ca. 1 cm lang	Insekten	Feuerwanze
?	?	?

3 Musterfundliste

1 ○ Betrachte die Tiere, die du gefangen hast. Trage sie in eine Fundliste ein. → 3

Mithilfe der „Beinuhr" kannst du die Tiere in Großgruppen ordnen. → 4 Vielleicht findest du auch bereits den Namen des Tiers heraus.

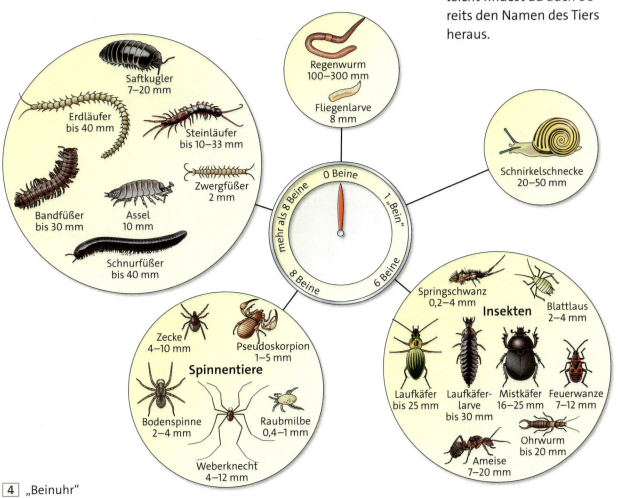

4 „Beinuhr"

Der Boden lebt

Methode

Tiere beobachten

Beim Beobachten ermittelst du Eigenschaften, Merkmale und Verhaltensweisen von Tieren. Dazu nutzt du deine Sinne und weitere Hilfsmittel. → [1]

Achtung • Behandle die Tiere vorsichtig. Bringe sie zurück in die Natur.

So gehst du vor:

1. Beobachtungsbogen vorbereiten Lege einen Beobachtungsbogen an. Notiere darin Fragen, die du klären willst. → [1]

2. Beobachten Beim Beobachten brauchst du Zeit und Ruhe. Sieh genau hin und verwende Hilfsmittel. → [1]

3. Beobachtungen festhalten Notiere deine Beobachtungen auf dem Bogen. Wenn es sinnvoll ist, kannst du außerdem zeichnen, fotografieren oder ein Video machen. → [1]

4. Auswerten Mithilfe von Informationen zur Lebensweise des Tieres kannst du deine Beobachtungen auswerten. Die Ergebnisse hältst du im Beobachtungsbogen fest. → [1]

Aufgabe

1 ○ Beobachte ein weiteres Bodenlebewesen. Notiere deine Fragen und halte deine Beobachtungen sorgfältig auf einem Beobachtungsbogen fest.

Beobachtungsbogen: Schnecke

Name: Leonie Schulze   **Datum:** 13.03.2019

Hilfsmittel: Glasplatte, Lupe, Lineal, Uhr

Frage: Wie ist der Körper aufgebaut?
Die Schnecke hat einen weichen Körper und ein hartes Gehäuse. Sie atmet durch das Atemloch am Gehäuserand. Am Kopf sitzen zwei Paar Fühler. Die größeren Fühler tragen die Augen.

Frage: Wie bewegt sich die Schnecke fort?
Die Schnecke kriecht langsam und gleichmäßig auf einer Bahn aus Schleim. Auf Holz sondert die Schnecke mehr Schleim ab als auf Glas. Unter der Lupe sieht man, dass die Schleimspur sehr dick und zäh ist. Mit dem schleimigen Kriechfuß kann die Schnecke senkrecht und über Kopf kriechen.

Auswertung: Die Schnecke ist ein Weichtier, das sich durch wellenartige Bewegungen langsam fortbewegt. Sie sondert Schleim ab. Der Schleim hilft der Schnecke bei der Fortbewegung und schützt sie vor dem Untergrund.

[1] Beobachtungsbogen (Muster)

Material E

Hell oder dunkel?

Materialliste: Regenwurm, Petrischale, kleine Schachtel, Schere, LED-Taschenlampe

Achtung • Behandle die Tiere vorsichtig. Bringe sie zurück in die Natur.

1 Schiebe das Innenteil der Schachtel aus der Hülle. Schneide dann ein Stück aus einer kurzen Seite des Innenteils, sodass eine Öffnung entsteht. → 2

2 Lege einen Beobachtungsbogen an (siehe Nebenseite). Notiere darin Fragen, die du klären willst.

2

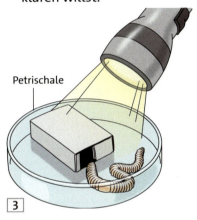
3

3 Füge Hülle und Innenteil wieder zusammen. Lege die Schachtel in eine Petrischale neben einen Regenwurm. Beleuchte das Ganze mit einer Taschenlampe. → 3

4 ○ Notiere im Beobachtungsbogen, wie sich der Regenwurm verhält.

5 ◐ Werte deine Beobachtungen aus. Hast du deine Fragen beantwortet? Erkläre deine Beobachtung. Denke dabei an den Lebensraum des Regenwurms.

Material F

Fühlt der Regenwurm?

Materialliste: Regenwurm, Glasröhre, schwarzes Papier, verdünnte Essigsäure ⚠, Wattestäbchen, Schutzbrille

Achtung • Schutzbrille tragen. Behandle die Tiere vorsichtig. Bringe sie zurück in die Natur.

1 Lege einen Beobachtungsbogen an (siehe Nebenseite).
a Lege den Regenwurm vorsichtig in eine Glasröhre. Umhülle einen Teil der Glasröhre mit schwarzem Papier.
b Verschiebe die dunkle Umhüllung mehrfach. → 4
◐ Beschreibe und erkläre die Reaktion des Regenwurms auf Licht.

2 ◐ Berühre den Regenwurm vorsichtig an verschiedenen Körperstellen. Beschreibe und erkläre die Reaktion des Regenwurms auf Berührung.

3 Tauche ein Wattestäbchen in die verdünnte Essigsäure. Nähere es vorsichtig erst

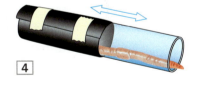
4

dem Vorderende und dann den Seiten des Tiers.
Achtung • Berühre den Regenwurm dabei nicht.
○ Formuliere eine passende Versuchsfrage.

4 ● Sind Regenwürmer geräuschempfindlich? Plane einen Versuch und führe ihn durch.

Der Aufbau des Bodens

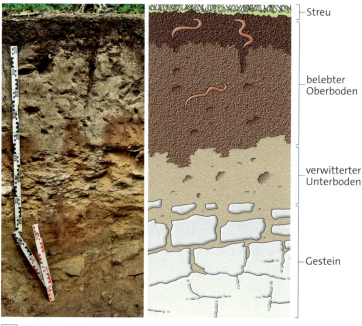

1 Bodenschichten

Material zur Erarbeitung: A

Ein Bagger hat eine Grube ausgehoben. Unter der Oberfläche zieht sich ein dunkler Streifen durch das Erdreich. Nach unten hin wird es immer
5 steiniger.

Streu • Lebende Pflanzen und abgestorbene Pflanzenreste bedecken den Boden. Die Zusammensetzung der Streu hängt vom Standort und vom
10 Bewuchs ab. Man unterscheidet Laubstreu und Nadelstreu.

Belebter Oberboden • In den obersten 10–30 cm des Bodens leben die meisten Bodenlebewesen. Sie tragen zur
15 Zersetzung der abgestorbenen Tier- und Pflanzenreste bei. Als Humus bezeichnet man die Stoffe, die bei der Zersetzung entstehen. Humus färbt den Oberboden meist dunkel.

20 Die Farbe des Humus hängt von der zersetzten Streu ab. Aus der Laubstreu entsteht ein dunkler und aus der Nadelstreu ein rötlicher Humus. Durch die Bodenlebewesen werden im
25 Humus viele wichtige Nährstoffe für Pflanzen produziert. Daher hat die Versorgung mit Humus große Bedeutung für die Landwirtschaft. Sie sorgt für fruchtbare und ertragreiche Böden.

30 **Verwitterter Unterboden** • Diese Schicht besteht zum großen Teil aus verwittertem Gestein. Als Verwitterung bezeichnet man physikalische und chemische Vorgänge, die zur Lo-
35 ckerung und Zerstörung des Gesteins führen. Dabei entstehen Sand- und Tonteilchen. Die Wurzeln der meisten Bäume laufen im Unterboden aus.

Gestein • Die unterste Schicht wird
40 von dem unverwitterten oder teilweise verwitterten Ausgangsgestein wie Granit und Kalk gebildet. In Spalten finden einzelne Wurzeln besonders starker Bäume Halt.

> Der Boden ist aus Schichten aufgebaut:
> • Streu
> • belebter Oberboden
> • verwitterter Unterboden
> • Gestein

Aufgabe

1 Beschreibe den Aufbau des Bodens in Schichten.

die Streu
der belebte Oberboden
der Humus
der verwitterte Unterboden
das Gestein

Material A

Ein Bodenprofil bestimmen

Materialliste: Bohrstock oder Spaten, Hammer, Löffel

2 Bohrstock

Der Bohrstock wird mit einem Hammer in den Boden getrieben. Nach jedem Schlag wird er etwas gedreht. Beim Herausziehen des Bohrstocks bleibt die Bodenschichtung erhalten. Man spricht von einem Bodenprofil. → 2

1 ○ Betrachte die einzelnen Schichten des Profils und trage deine Beobachtungen in die Tabelle ein. → 3

2 Entnimm mit dem Löffel aus dem Bohrstock Proben aus verschiedenen Tiefen.
○ Zerreibe etwas Erde von jeder Probe zwischen deinen Fingern. Beschreibe in der Tabelle, wie es sich anfühlt.

Ort der Bodenprobe:			
Tiefe	Farbe	Durchwurzelung	Fingerprobe
0 cm	bräunlich	ohne	krümelig
10 cm	?	?	?
? cm	?	?	?

3 Mustertabelle

Material B

Wie entstehen die Bodenschichten?

1 Über Tausende von Jahren wirken Sonne, Regen, Frost, Wind und Pflanzen auf das Ausgangsgestein.

a ○ Beschreibe, wie sich die Bodenschichten aus Gestein bilden. → 4

b ◐ Wasser hat eine besondere Eigenschaft: Es dehnt sich beim Gefrieren aus. Erkläre, wie sich das auf die Bodenentwicklung auswirkt.

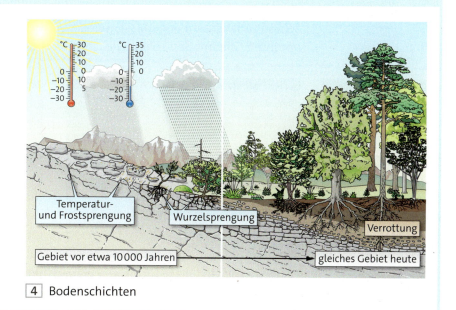

4 Bodenschichten

Der Boden – ein kostbares Gut

[1] Boden als Lebensraum: Maulwurf

Der Boden bietet Tieren Nahrung und Unterschlupf. Aber die Bedeutung des Bodens geht weit darüber hinaus.

Lebensraum für Tiere • Du hast bereits viele Bodenlebewesen kennengelernt. Der Maulwurf ist besonders gut an seinen Lebensraum angepasst: Seine vorderen Gliedmaßen sehen wie Grabschaufeln aus. So ist der Maulwurf in der Lage, ein ausgedehntes unterirdisches Gangsystem zu graben. → [1]

Trinkwassergewinnung und Hochwasserschutz • Der Boden ist wichtig für unsere Versorgung mit Trinkwasser. Unser Trinkwasser wird durch den Boden gefiltert. → [2] Je nach Bodenart wird unterschiedlich viel Wasser gespeichert. Ein speicherfähiger Boden gibt außerdem Regenwasser verzögert an Bäche und Flüsse ab und verringert so die Gefahr von Hochwassern.

Ernährung • Der Boden ernährt die Menschen. Humusreicher Boden bildet die Grundlage für die Produktion unserer Nahrungsmittel. Die in der Landwirtschaft genutzten Pflanzen werden vom Boden mit Wasser und Mineralstoffen versorgt. → [3]

[2] Boden als Trinkwasserfilter

[3] Boden als Grundlage für die Ernährung: Zuckerrüben

die Bodennutzung

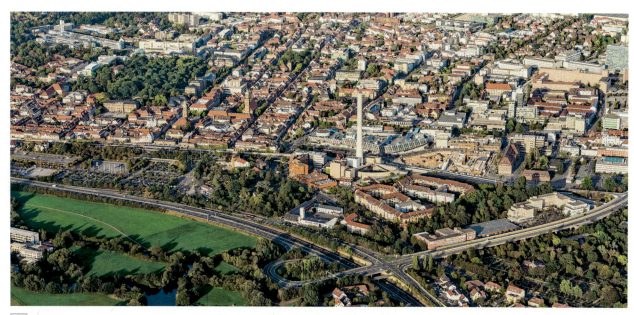

4 Bodennutzung für Verkehr, Industrie, Siedlungen und Erholung (Erlangen)

Lebensraum für Menschen • Die Menschen bebauen den Boden – nicht nur mit Wohnungen und Schulen, sondern auch mit Fabriken und Supermärkten sowie Straßen, Flughäfen und Eisenbahntrassen. Der Boden liefert uns außerdem auch Flächen für Freizeit und Erholung. → 4

Rohstofflager • Der Boden liefert viele wichtige Rohstoffe, zum Beispiel Kohle, Erdöl und Salz. Der Abbau dieser Rohstoffe ist jedoch mit Eingriffen in den natürlich gewachsenen Boden verbunden. → 5

5 Boden als Rohstofflager: Kohleabbau

> Der Boden ist die Ernährungsgrundlage für Pflanzen, Tiere und Menschen.
> Der Boden speichert und filtert Wasser und bietet Fläche zum Leben.

Aufgaben

1 ◯ Nenne die Bedeutung des Bodens für unser Grundwasser.

2 ◯ Beschreibe, wie der Boden auf deinem Schulgelände und in deiner Umgebung genutzt wird.

99

Der Boden – ein kostbares Gut

Material A

Grundlage der Ernährung

1 ◐ „Der Boden liefert die Grundlage für unsere Ernährung." Entnimm Informationen aus dem Bild und begründe die Aussage. → 1

2 ◐ Zeichne zu den Informationen aus dem Kreisdiagramm ein passendes Säulendiagramm. → 1

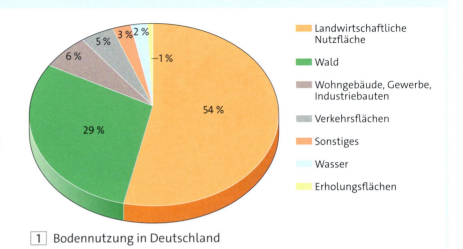

1 Bodennutzung in Deutschland

Material B

Wie viel Wasser speichert der Boden?

Materialliste: 4 gleich große Blumentöpfe, 2 Ziegelsteine, 2 Holzleisten, 4 Filtertüten, 4 gleich große Marmeladengläser, dünner Draht, Messbecher, Stoppuhr, Wasser, Proben von Sandboden, Humusboden (Gartenerde), Lehmboden und Tonboden

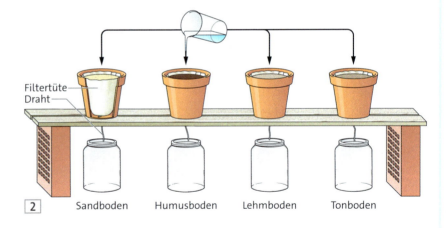

2 Sandboden Humusboden Lehmboden Tonboden

1 Baut den Versuch auf. → 2
a Steckt in das Loch jedes Blumentopfs ein Stück abgewinkelten Draht als Abtropfhilfe.
b Gebt die Filtertüten in die Blumentöpfe und füllt sie gleichmäßig mit den Bodenproben.

2 ○ Legt ein Protokoll an.
a Startet die Stoppuhr. Gießt auf jede Probe langsam 100 ml Wasser.
b Messt jeweils die Zeit, bis kein Wasser mehr vom Draht tropft. Notiert sie.
c Messt die durchgelaufene Wassermenge und notiert sie ebenfalls.

3 ○ Ermittelt den Boden, der das meiste Wasser speichert.

4 ○ Gebt den Boden an, durch den das Wasser am schnellsten läuft.

Erweitern

Vielfalt der Bodenarten

3 4 Sandboden, Kiefernbewuchs

5 6 Tonboden, Maisfeld

Bodenarten • Teile der heimischen Landschaft unterscheiden sich stark in ihrem Pflanzenbewuchs. Das liegt vor allem an der Zusammensetzung der Böden. Ein guter Boden versorgt die Pflanzen mit Wasser, Luft und gelösten Mineralstoffen. Abhängig von seiner „Güte" gedeihen auf ihm mehr oder weniger anspruchsvolle Pflanzen. Mit etwas Übung können Fachleute aus einer handvoll Boden und der Betrachtung des Bewuchses die Bodengüte abschätzen.

Sandboden • Zwischen den groben Körnern des Sandbodens befinden sich große Hohlräume, die mit Luft gefüllt sind. → 3 Das Wasser fließt rasch ab, weshalb die Böden trocken und arm an Mineralstoffen sind. Auf Sandböden wachsen Kiefern, Birken und Stieleichen. → 4

Tonboden • Tonreiche Böden bestehen aus feinen Bodenteilchen. → 5 Sie können reichlich Wasser und Mineralstoffe, aber kaum Luft aufnehmen. Bei Trockenheit werden sie rissig

7 8 Auf Lehmboden gedeihen viele Pflanzen.

und hart. Man findet auf ihnen Mais und Getreide oder Erlen und Eschen. → 6

Lehmboden • Er besteht aus einem Gemisch von groben und feinen Bestandteilen. → 7 Auf Lehmboden gedeihen viele Pflanzen, weil er viel Wasser zurückhalten kann und reich an Mineralstoffen ist. → 8

Aufgabe

1 ○ Beschreibe die Eigenschaften der unterschiedlichen Böden.

Bodengefährdungen und Bodenschutz

1 Gefahr: Erosion an einem Skihang

Material zur Erarbeitung: A

Ein beschädigter Boden kann seine Aufgaben nicht erfüllen. Deshalb liegt es an jedem Einzelnen, vorzusorgen und den Boden vor Gefahren zu schützen.

5 **Bodenverdichtung und Erosion** • Schwere Traktoren auf dem Feld und Pistenfahrzeuge am Skihang verdichten nassen Boden. Der verdichtete Boden kann dann kein Wasser und keine Luft mehr 10 speichern. Das Pflanzenwachstum ist damit stark beeinträchtigt. → 2
Wo nichts wächst, können Wind und Wasser ungehindert Teile des Bodens wegblasen oder fortschwemmen. Wir 15 sprechen von natürlicher Erosion. Besonders Felder in Hanglage sind gefährdet.
Auch der einseitige Anbau von Pflanzen kann die Erosion beschleunigen, 20 wenn der Boden nicht ganzjährig von den Pflanzen bewachsen ist.
Man schützt den Boden durch eine dauerhafte ganzjährige Bepflanzung vor Erosion durch Wind und Wasser.

25 **Bodenversiegelung** • Häuser, Straßen, Schienenwege und Sportanlagen bedecken etwa ein Siebtel des Bodens in unserem Land. Wir sprechen von Bodenversiegelung. → 3
30 Infolge der Versiegelung kann kein Wasser in den Boden eindringen und dort gespeichert werden. Der Boden kann so nicht mehr dem Hochwasserschutz und als Lebenraum für Pflanzen 35 und Tiere dienen.
Jede Bebauung zerstört einen Teil des Bodens. Deshalb sollten unnötige Bauten vermieden werden. Nicht mehr benötigte Straßen werden zum Beispiel 40 wieder zurückgebaut. Rasengittersteine lassen Regenwasser im Boden versickern – im Gegensatz zu Asphalt. → 4

2 Gefahr: Bodenverdichtung

3 Gefahr: Bodenversiegelung

4 Gittersteine

die Erosion
die Bodenverdichtung
die Bodenversiegelung

Schadstoffe • In Öfen, Kraftwerken und Motoren verbrennt man zum Beispiel Heizöl, Holz, Kohle, Gas oder Benzin. Infolge der Verbrennung entstehen schädliche Stoffe, die in den Boden gelangen und ihn belasten. Pflanzen werden durch den belasteten Boden geschädigt und können erkranken oder absterben.

Auch Streusalz, Motoröl, Reinigungsmittel und Schadstoffe aus Batterien schädigen Pflanzen, wenn sie in den Boden gelangen.

Man schützt den Boden, indem man den Schadstoffeintrag vermeidet.

Düngung • Dünger werden in der Landwirtschaft eingesetzt, um die Ernteerträge zu steigern. Zu viel Düngung schädigt Bodenlebewesen und belastet das Trinkwasser. → 5

Wer die Dosierung des Düngers an den Bedarf der Pflanzen anpasst und so wenig Dünger wie möglich verwendet, schützt damit den Boden.

Haushalt • Der Boden erneuert sich nicht von selbst. Es liegt an jedem Einzelnen, vorzusorgen und Schäden zu vermeiden. Im Haushalt hast du viele Möglichkeiten, einen Beitrag zum Bodenschutz zu leisten. Bringe Sondermüll zur Sammelstelle. → 6 Nur so stellst du sicher, dass die darin enthaltenen Schadstoffe nicht in den Boden gelangen. Im Garten sollst du verantwortungsbewusst Dünger und Pflanzenschutzmittel einsetzen.

Nicht nur in Siedlungen, auch in der freien Natur muss der Boden geschützt werden. Es hilft, einige einfache Regeln zu beachten. → 7

> Nur ein gesunder Boden kann seine Aufgaben erfüllen. Der Boden wird gefährdet durch Bodenverdichtung, Erosion, Versiegelung, Belastung mit Schadstoffen und Düngung.

6 Sondermüll

- Bleib beim Wandern immer auf dem Weg. Abkürzungen verstärken die Bodenerosion.
- Fahre mit dem Mountainbike nur auf ausgewiesenen Wegen.
- Nutze beim Skifahren die vorhandenen Pisten und Loipen.
- Nimm alle Abfälle wieder mit nach Hause.
- Beschädige keine Pflanzen.

7 Regeln beim Wandern, Skifahren, Mountainbiken

5 Gefahr: Düngung

Aufgaben

1 ○ Beschreibe, wie sich eine Bodenverdichtung auf die Bodenlebewesen auswirkt.

2 ○ Gibt es „Trampelpfade" in deiner Umgebung? Nenne Vor- und Nachteile solcher Wege.

Bodengefährdungen und Bodenschutz

Material A

Bodenerosion

Wurzeln geben den Pflanzen nicht nur einen festen Stand. Sie sorgen auch dafür, dass die Erde nicht abrutscht.

Materialliste: Gießkanne, große Steine, 2 Kunststofftabletts, Kressesamen, Blumenerde

1 So geht ihr vor:
a Belegt beide Tabletts fingerdick mit Blumenerde und drückt die Erde etwas an.

Sät auf einem Tablett Kresse aus und gießt mit Wasser.
b Wartet 2 Tage, bis die Kresse gewachsen ist. Tragt die Tabletts nach draußen und stellt sie schräg auf. → [1]

c Begießt beide Tabletts kräftig mit gleich viel Wasser.
d ○ Notiert eure Beobachtungen.

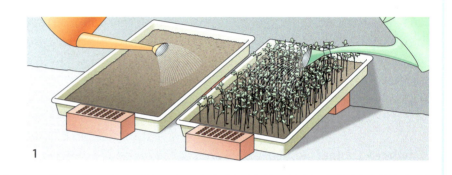
1

Material B

Der Boden ist gefährdet!

1 Sieh die Bilder an. → [2]–[7]
a ○ Ordne den Bildern eine oder mehrere Bodengefährdungen zu: Bodenverdichtung, Bodenversiegelung, Düngung, Erosion durch Wasser, Erosion durch Wind, Eintrag von Schadstoffen.

b ◕ Erkläre deine Zuordnung.

2 ● Zeichne das Bild einer weiteren Bodengefährdung in dein Heft und erkläre.

2

3

4

5

6

7

Material C

Streusalz im Boden

Lest den Text und seht euch das Bild an. → 8

1. ○ Beschreibt, wie Streusalz den Boden und die Lebewesen darauf schädigt.

2. ● Erkundigt euch, unter welchen Bedingungen in eurem Ort Salz gestreut werden darf.

3. ● Diskutiert in der Klasse die Vor- und Nachteile des Einsatzes von Streusalz.

Bei Glatteis oder Schnee streut man Gehwege und Straßen – mit Sand, Splitt oder Streusalz. Am besten wirkt Streusalz, das Eis und Schnee auftauen lässt. Dennoch wird empfohlen, so wenig Streusalz wie möglich zu verwenden. In vielen Orten ist es ganz verboten. Grund ist die hohe Umweltbelastung: Das Streusalz gelangt mit Schmelzwasser an Straßenrändern in den Boden. Dort sammelt es sich über Jahre und schädigt Lebewesen auf und im Boden. Beispielsweise kann Salz Pflanzen schädigen, indem es den Pflanzenzellen Wasser entzieht. Die Pfoten von Tieren können sich durch Salzablagerungen entzünden. Außerdem gelangt das Salz ins Grundwasser.

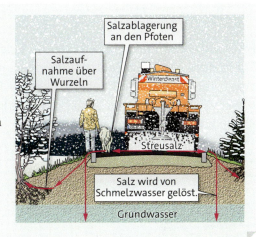

8

Material D

Bodenschutz geht alle an

1. 🌀 Was kannst du tun, um den Boden zu schützen? Sieh dir die Bilder an. → 9 10
   a Stelle Verhaltensregeln zum Schutz des Bodens auf.
   b Diskutiere die Regeln mit deinem Sitznachbarn.

2. 🌀 Sammle weitere Ideen für deinen persönlichen Beitrag zum Bodenschutz.

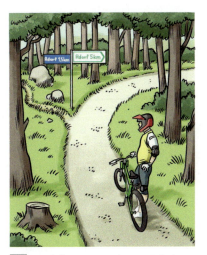

9 Welchen Weg nimmst du?

10 Wohin mit dem Müll?

Stoffkreislauf und Boden

Zusammenfassung

Nahrungsbeziehungen im Wald • Viele Pflanzen und Tiere sind Teil des Ökosystems Wald. Die Lebewesen sind durch Nahrungsbeziehungen miteinander verbunden. Wir stellen diese Beziehungen als Nahrungsketten dar. Die Nahrungsketten können zu Nahrungsnetzen verknüpft sein. → 1

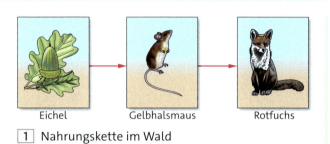

1 Nahrungskette im Wald

Fotosynthese • Pflanzen stellen mithilfe der Energie des Lichts aus Kohlenstoffdioxid und Wasser energiereichen Traubenzucker her. Bei diesem Vorgang entsteht der lebenswichtige Sauerstoff für alle Lebewesen. → 2

Stoffkreislauf im Wald • Pflanzen erzeugen Nährstoffe, die von Menschen und Tieren verbraucht werden. Zersetzer bauen die Reste toter Lebewesen zu Wasser, Kohlenstoffdioxid und Mineralstoffen ab. Es entsteht ein Stoffkreislauf. → 3

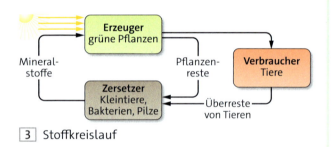

2 Fotosynthese

3 Stoffkreislauf

Bodenaufbau – Bodenlebewesen • Als Boden bezeichnet man den oberen Teil der Erdkruste. Im Boden leben sehr viele Lebewesen. Sie zersetzen tote Pflanzen und Tiere. Der Boden ist aus verschiedenen Schichten aufgebaut. → 4

Der Boden – ein kostbares Gut
- Der Boden bietet die Grundlage der Ernährung für Pflanzen, Tiere und Menschen.
- Der Boden speichert und filtert Wasser.
- Der Boden ist Lebensraum für Tiere.

Bodengefährdungen und Bodenschutz • Der Boden wird gefährdet durch Bodenversiegelung, Bodenverdichtung, Erosion, Schadstoffe und Düngung.
Man kann den Boden schützen, indem man ihn zum Beispiel möglichst wenig bebaut, durch Bepflanzung vor Erosion schützt und den Eintrag von Schadstoffen vermeidet.

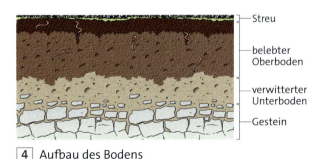

4 Aufbau des Bodens

Teste dich! (Lösungen und Hilfestellungen auf S. 189 f.)

Nahrungsbeziehungen im Wald

1 ◐ Erkläre, was du unter einem Ökosystem verstehst.

2 ◐ Zeichne eine Nahrungskette im Ökosystem Wald.

Fotosynthese

3 Fotosynthese
a ○ Gib an, unter welchen Bedingungen die Fotosynthese ablaufen kann.
b ○ Nenne die Stoffe, die bei der Fotosynthese entstehen.
c ◐ Zeichne die Energiekette für die Fotosynthese in einem Eichenblatt.
d ● Erläutere die Bedeutung der Fotosynthese für das Leben auf der Erde.

Stoffkreislauf im Wald

4 Stoffkreislauf
a ○ Skizziere in deinem Heft den Stoffkreislauf im Wald. Verwende dabei die Begriffe Zersetzer, Erzeuger und Verbraucher.
b ● Erläutere die Wechselwirkungen zwischen Zersetzern, Erzeugern und Verbrauchern anhand eines Beispiels.

Bodenaufbau – Bodenlebewesen

5 ○ Nenne die Bodenschicht, in der Humus gebildet wird.

6 ◐ Erkläre, wodurch Regenwürmer die Bodenqualität verbessern.

7 ○ Ordne jedes Foto einer der Tiergruppen zu: Insekten, Ringelwürmer, Spinnentiere.
→ 5 – 7

5
6
7

Der Boden – ein kostbares Gut

8 ○ Nenne fünf Funktionen, die der Boden für die Pflanzen, Tiere und Menschen erfüllt.

Bodengefährdungen und Bodenschutz

9 Eine Form der Gefährdung des Bodens ist die Bodenverdichtung.
a ○ Beschreibe die Entstehung von Bodenverdichtungen auf dem Feld und an Skihängen.
b ◐ Erkläre, welche Bodenfunktionen durch die Verdichtung beeinträchtigt werden.
c ◐ Begründe Gegenmaßnahmen.
d ● Lisa kürzt im Park immer ab und benutzt einen Trampelpfad. → 8 Bewerte Lisas Verhalten.

8 Trampelpfad im Park

107

Pubertät und vorgeburtliche Entwicklung

Wenn man verliebt ist, will man am liebsten immer beieinander sein, über alles reden, einander vertrauen und sich berühren.

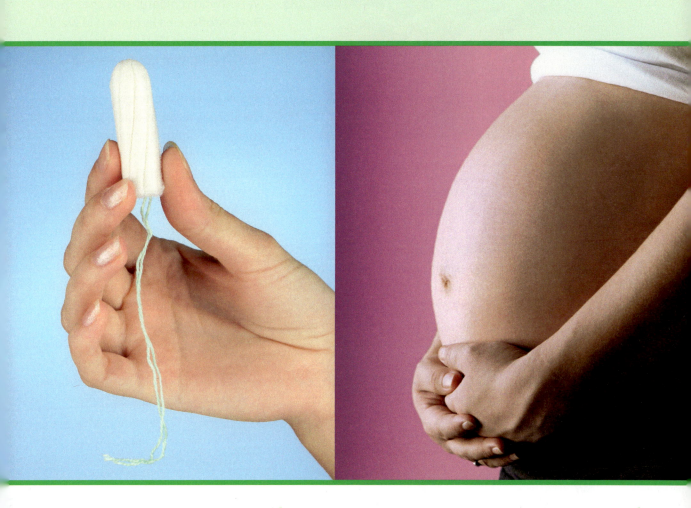

Regelmäßige und gründliche Körperpflege wird durch die Veränderungen im Körper zunehmend wichtig.

Durch Geschlechtsverkehr kann es zu einer Schwangerschaft kommen. Ein neuer Mensch entwickelt sich in neun Monaten.

Erwachsen werden

1 Ein neues Interesse

Materialien zur Erarbeitung: A–B

Ein neuer Lebensabschnitt beginnt. Verliebtsein gehört oft dazu.

Pubertät • Zwischen dem 9. und dem 20. Lebensjahr durchlebt jeder junge Mensch eine Phase, in der sich sein Leben verändert. Aus Jungen werden junge Männer und aus Mädchen junge Frauen. Dieser Zeitraum wird als Pubertät bezeichnet. Bei manchen beginnt diese Reifezeit mit neun oder zehn Jahren, bei anderen erst fünf Jahre später. Jeder Körper hat sein eigenes Tempo. → 2

Körperliche Veränderungen • Die Körper von Mädchen und Jungen verändern sich. Sie werden während der Pubertät den erwachsenen weiblichen und männlichen Körpern immer ähnlicher. Verantwortlich dafür sind chemische Botenstoffe, die Hormone. Sie werden in bestimmten Drüsen hergestellt und über das Blut im Körper verteilt.

Seelische Veränderungen • Nicht nur der Körper verändert sich, sondern auch das Fühlen, Denken und Verhalten gegenüber anderen. Plötzliche Stimmungsschwankungen, Diskussionen mit Eltern, aber auch das Interesse am anderen Geschlecht und die Bedeutung von Freundschaften können zunehmen.

> Pubertät bezeichnet die Reifezeit, in der aus Mädchen und Jungen erwachsene Frauen und Männer werden. Sie wird durch Hormone ausgelöst. Während dieser Zeit verändern sich der Körper und das Verhalten der Jugendlichen.

Aufgaben

1 ○ Pubertät
a Erkläre den Begriff Pubertät.
b Gib an, wodurch die zunehmenden körperlichen Veränderungen ausgelöst werden.

2 ◐ Begründe die unterschiedliche Entwicklung gleich alter Jugendlicher. → 2

2 Gleich alt, aber unterschiedlich weit entwickelt

die Pubertät
das Hormon

Material A

Wenn die Gefühle Achterbahn fahren

Vielleicht verliebst du dich ganz plötzlich. Dann hast du „Schmetterlinge im Bauch" und fühlst dich zu einem anderen Jungen oder Mädchen hingezogen. Auf einmal kannst du an nichts anderes mehr denken.

1 ○ Kennst du dieses Gefühl? Wenn du möchtest, kannst du dich gerne dazu äußern.

2 Tobias, 12 Jahre: „Wenn mich jemand wirklich mag, nimmt er mich so, wie ich bin, und wir können über alles reden."
● Bewerte aus deiner Sicht die Aussage von Tobias.

3 „Miteinander gehen" kann mehr bedeuten als ein gemeinsamer Spaziergang.
● Nimm dazu Stellung.

4 ◐ Überlege dir mit deinem Banknachbarn eine mögliche Fortsetzung der „Foto-Love-Story". → 3 – 5

3

4

5

Material B

Verhalten in der Pubertät

Während der Pubertät fühlt man sich oft unsicher, ist reizbar und schwankt zwischen den Stimmungen.

1 ◐ Berichtet von möglichen eigenen Erfahrungen.

2 ● Entwerft in Gruppen mögliche Rollenspiele zu den Situationen. → 6 7

6

7

Vom Jungen zum Mann

1 Erste Rasur

Auf dem Weg vom Jungen zum Mann kommt es zu zahlreichen körperlichen Veränderungen. Was passiert mit dem Körper eines Jungen in der Pubertät?

Körperbau und Behaarung • Man erkennt den Beginn der Pubertät bei Jungen an einem auffälligem Wachstumsschub im Alter von 10 bis 15 Jahren. Zugleich beginnen Schamhaare, Achselhaare und Barthaare zu wachsen. Auch die Behaarung an den Armen, den Beinen und auf der Brust nimmt zu. Die Schultern werden breiter, das Becken dagegen bleibt schmal. Der gesamte Körper wird muskulöser und kräftiger.

Stimmbruch • Wenn wir sprechen, bringt strömende Luft die Stimmbänder in unserem Kehlkopf zum Schwingen. → 2 Mithilfe von Muskeln können wir die Spannung und Dicke der Stimmbänder verändern, wodurch unsere Stimme lauter oder leiser und heller oder tiefer wird. In der Pubertät wird der Kehlkopf größer und tritt als „Adamsapfel" hervor. → 3 Gleichzeitig werden die Stimmbänder dicker und länger. Die Stimme wird tiefer. Den Übergang nennt man „Stimmbruch": Die Muskeln stellen sich nicht gleich auf die längeren und dickeren Stimmbänder ein. Die Stimme kann dann plötzlich krächzen oder sich „überschlagen".

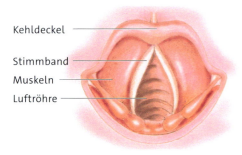

2 Kehlkopf mit Stimmbändern

3 „Adamsapfel"

der Stimmbruch
die Spermienzelle
die Erektion
der Samenerguss
das Sperma

Männliche Geschlechtsorgane • Die größten Veränderungen finden in den Geschlechtsorganen statt. Sie befinden sich hauptsächlich außerhalb des Körpers. Penis, Hoden und Hodensack werden in der Pubertät größer. In den Hoden werden lebenslang männliche Geschlechtszellen, die Spermienzellen, gebildet und in den Nebenhoden gespeichert. → 4

Erektion • Mit der Pubertät versteift sich der Penis öfter und richtet sich auf. Ursache dafür ist Blut, das in die Schwellkörper fließt und sich dort staut. Der Penis wird dicker und länger. Dies bezeichnet man als Erektion. Eine Erektion kann spontan geschehen oder durch Berührungen, positive Gefühle und Bilder ausgelöst werden.

Samenerguss • Bei einem Samenerguss werden Spermienzellen mit etwas Flüssigkeit nach außen abgegeben. → 5 Die Flüssigkeit wird von der Vorsteherdrüse und der Bläschendrüse gebildet. Die Flüssigkeit und die Spermienzellen zusammen nennt man Sperma. Es ist weißlich, trüb und etwas klebrig. Mit dem ersten Samenerguss sind Jungen geschlechtsreif.

Hygiene • In der Pubertät werden die Schweißdrüsen unter den Armen und im Bereich der Geschlechtsorgane aktiv. Wenn Kleinstlebewesen den Schweiß zersetzen, riecht man das. Dagegen hilft nur eine tägliche Dusche. Beim Waschen des Penis ist es wichtig, die Vorhaut vorsichtig zurückzuziehen.

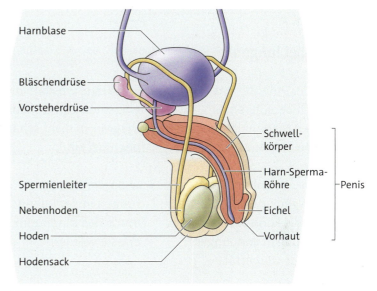

4 Die männlichen Geschlechtsorgane

Hier kann sich ein weißlicher Belag bilden. Er muss entfernt werden, um unangenehme Gerüche zu vermeiden und Entzündungen vorzubeugen.

> In der Pubertät verändert sich der Körperbau, der Bart wächst und die Stimme wird tiefer.
> In den Hoden werden die Spermienzellen gebildet, die männlichen Geschlechtszellen. Die Jungen werden geschlechtsreif.

5 Spermienzelle (etwa 1000-fach vergrößert)

Aufgaben

1 ○ Beschreibe mit eigenen Worten die Entwicklung vom Jungen zum Mann.

2 ◐ Beschreibe den Weg der Spermienzelle bis zum Austritt aus dem Penis.

Vom Jungen zum Mann

Material A

Pubertät bei Jungen

Während der Pubertät entwickeln sich bei Jungen die körperlichen Merkmale eines erwachsenen Mannes.

1 ○ Beschreibe anhand der Abbildungen und des Diagramms die körperlichen Veränderungen von Jungen während der Pubertät. → [1]

2 ◐ Erkläre, weshalb die einzelnen Balken in dem Diagramm nicht scharf begrenzt sind.

3 ◐ Beschreibe die Veränderungen in der Pubertät, die durch das Diagramm nicht erfasst werden.

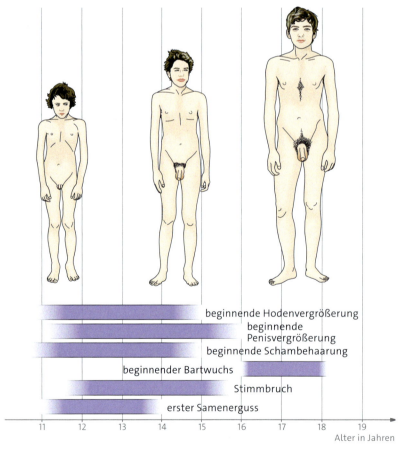

[1] Körperliche Veränderungen bei Jungen

Material B

Akne

Während der Pubertät bilden sich bei vielen Jungen und Mädchen vermehrt Hautunreinheiten, zum Beispiel Pickel. Die Pickel bezeichnet man auch als Akne. Die Akne verschwindet meist wieder mit dem Ende der Pubertät.

1 ◐ Beschreibe, wie Akne entsteht. → [2] – [4]

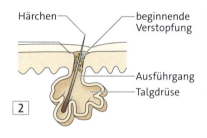

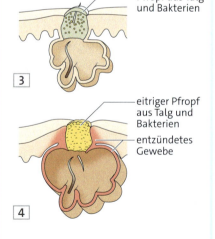

2 ◐ Stelle Vermutungen an, weshalb man Pickel besser nicht ausdrücken soll.

Pubertät und vorgeburtliche Entwicklung
Mensch und Gesundheit

Material C

Tägliche Hygiene

Während der Pubertät kann neben Hautunreinheiten auch ein unangenehmer Körpergeruch auftreten. Regelmäßige Körperpflege beugt dem wirksam vor.

Intimhygiene bei Jungen

In der Pubertät wird vom Körper mehr Schweiß und Talg produziert. Es ist wichtig, sich täglich das Gesicht, die Achselhöhlen und die Geschlechtsorgane zu waschen.
Jungen müssen sorgfältig die Stelle zwischen Vorhaut und Eichel reinigen. Sonst sammeln sich dort Bakterien an, die schmerzhafte Entzündungen hervorrufen können.

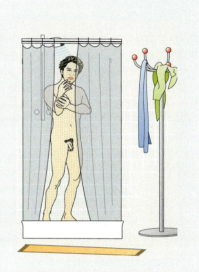

5

1 Lies dir den Text durch. → 5
a ○ Gib die Regeln zur Körperpflege mit eigenen Worten wieder.
b ◐ Begründe, warum eine gründliche tägliche Hygiene notwendig ist.

Material D

Typisch Junge!?

Viele Menschen haben genaue Vorstellungen davon, was typisch ist für einen Jungen. Diese Erwartungen sind häufig mit Vorurteilen belastet.

1 Betrachte die Bilder.
→ 6 7
a ○ Beschreibe die dargestellten Szenen.
b ◐ Äußere deine Meinung zu den einzelnen Abbildungen.
c ● Diskutiert mögliche Probleme von Jugendlichen, die nicht den gängigen Erwartungen entsprechen.

6 Krafttraining

7 Tanztraining

Vom Mädchen zur Frau

1 Blick in die Zukunft?

Während der Entwicklung zur Frau finden viele Veränderungen statt.

Der weibliche Körper • In der Pubertät wächst der Körper von Mädchen in die Länge. Durch Einlagerungen von Fettpolstern in die unteren Hautschichten wird die Körperform weicher. Vor allem das Becken wird runder und breiter, während die Schultern schmal bleiben. Die Brüste mit den Milchdrüsen entwickeln sich. Die Schamhaare und die Achselhaare wachsen.

Äußere Geschlechtsorgane • Die meisten weiblichen Geschlechtsorgane liegen geschützt im Unterleib. Von außen zu erkennen sind lediglich die großen und kleinen Schamlippen und der Kitzler. Der Kitzler besteht aus einem kleinen Schwellkörper, der wie der Penis durch Blutstau vergrößert werden kann. Der Eingang der Scheide ist anfangs durch eine kleine Schleimhautfalte verengt, die als Jungfernhäutchen bezeichnet wird. → 2

Innere Geschlechtsorgane • Die Scheide verbindet die äußeren und die inneren Geschlechtsorgane. Sie führt zur Gebärmutter, in der ein Kind während der Schwangerschaft heranwächst. Von der Gebärmutter führen zwei Eileiter zu den beiden Eierstöcken. Sie enthalten bereits von Geburt an bis zu 400 000 unreife Eizellen. → 3

2 Die weiblichen Geschlechtsorgane

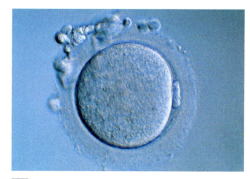

3 Eizelle, etwa 250-fach vergrößert

die **Eizelle**
der **Eisprung**
die **Menstruation**
der **Menstruationskreislauf**

Menstruation • Etwa einmal im Monat wandert eine Eizelle durch den Eileiter in die Gebärmutter. Wenn sie nicht befruchtet wird, stirbt die Eizelle ab. Sie wird mit etwas Blut und Gebärmutterschleimhaut aus der Scheide abgegeben. Diese Blutung nennt man Regel, Periode oder Menstruation. Die Menstruation wiederholt sich regelmäßig. Wir sprechen deshalb von einem Menstruationskreislauf. → 4
Die Dauer der Menstruation kann sich von Mal zu Mal ändern. Sie schwankt zwischen etwa 23 und etwa 35 Tagen.

Menstruationsbeschwerden • Je nach Stärke der Blutung können Schwächegefühle sowie Unterleibs- und Kopfschmerzen auftreten. Ruhe, leichte Bewegung, sanfte Massagen, ein warmes Bad oder etwas Kräutertee können häufig helfen.

Tägliche Körperhygiene • Das bei der Menstruation aus der Scheide austretende Blut wird mit saugfähigen Binden oder Tampons aufgefangen. Durch die Blutung ist der Scheideneingang nicht mehr so gut vor dem Eindringen von Krankheitserregern in die Gebärmutter geschützt. Binden und Tampons sollten deshalb regelmäßig gewechselt werden. Tampons fangen das Blut bereits in der Scheide auf. Bleiben sie aber zu lange in der Scheide, können sie Entzündungen begünstigen.

> In der Pubertät werden Mädchen durch den ersten Eisprung und die erste Menstruation geschlechtsreif.

① Etwa einmal im Monat reift im Eierstock eine Eizelle heran.

② Eisprung: Wenn die Eizelle reif ist, wird sie in den Eileiter entlassen. Diesen Moment bezeichnet man als Eisprung.

④ Menstruation: Wenn keine Befruchtung stattfindet, stirbt die Eizelle ab. Sie wird zusammen mit der Schleimhaut und etwas Blut durch die Scheide nach außen abgegeben. Eine andere Eizelle reift heran. Der Kreislauf beginnt von Neuem.

③ Die Eizelle wird durch den Eileiter in die Gebärmutter transportiert. In dieser Zeit kann sie von Spermienzellen befruchtet werden. Die Gebärmutterschleimhaut wird dicker. Sie bereitet sich darauf vor, eine befruchtete Eizelle aufzunehmen.

4 Menstruationskreislauf

Aufgaben

1 ◯ Erkläre den Begriff Eisprung.

2 ◯ Beschreibe mithilfe von Bild 4 den Menstruationskreislauf.

Vom Mädchen zur Frau

Material A

Pubertät bei Mädchen

Während der Pubertät entwickeln sich bei Mädchen die Geschlechtsmerkmale einer Frau.

1. ○ Beschreibe mithilfe des Bildes, wann sich bei Mädchen die körperlichen Merkmale ausbilden. → 1

2. ◐ Vergleiche den zeitlichen Verlauf der Pubertät bei Mädchen und Jungen.

3. Nicht alle körperlichen Veränderungen lassen sich von außen erkennen.
   ● Erläutere diese Aussage.

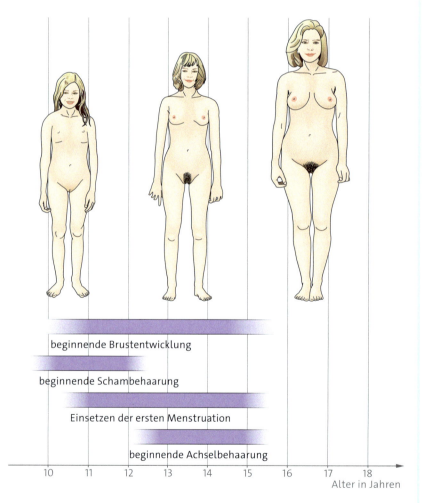

1 Körperliche Entwicklung vom Mädchen zur Frau

Material B

Körperpflege

1. Lies dir den Text durch. → 2
a. ○ Gib die Regeln zur regelmäßigen Körperpflege mit eigenen Worten wieder.
b. ◐ Erkläre, warum eine gründliche Hygiene für Mädchen ab der Pubertät besonders wichtig ist.

Intimhygiene bei Mädchen

In der Pubertät beginnt die Scheide ein milchiges Sekret abzusondern. Die Haut produziert nun mehr Schweiß. Daher ist es wichtig, täglich Gesicht, Achselhöhlen und Scheide zu waschen. Besondere Bedeutung hat die Intimhygiene während der Menstruation, da das Menstruationsblut unangenehm riechen kann. Dieses Blut kann mit Binden oder Tampons aufgenommen werden. Sie müssen mehrmals täglich gewechselt werden.

2

Material C

Tampons oder Binden?

Binden fangen das Menstruationsblut außerhalb, Tampons innerhalb des Körpers auf. Sie sollten je nach Stärke der Blutung mehrmals am Tag gewechselt und im Abfalleimer entsorgt werden.

Materialliste: Tampons, Binden, Schere, Becherglas

1 Schneide die Binde und den Tampon auf.

a ○ Beschreibe, woraus sie bestehen und wie sie aufgebaut sind.
b Führe mit je einer Binde und einem Tampon den Versuch durch. → 3
c ◐ Erkläre die Versuchsergebnisse.
d ● Beurteile den Einsatz von Binden und Tampons während der Regelblutung.

① 100 ml Wasser abmessen   ② Binde eintauchen   ③ Verbleibende Wassermenge messen — Wie viel Wasser fehlt?

3

Material D

Menstruationskreislauf

1 In den Regelkalendern wurde markiert, wie stark oder schwach die Menstruation verlief. → 4 5
a ○ Gib jeweils die Dauer der Kreisläufe an.
b ◐ Vergleiche die Regel der beiden Mädchen hinsichtlich der Dauer des Kreislaufs sowie der Stärke der Menstruation.
c ◐ Begründe, warum Mädchen einen Regelkalender führen sollten.
d ● Informiere dich über Regelkalender-Apps für das Smartphone.

4 Leas Regelkalender

5 Sophies Regelkalender

Ein Kind entsteht

1 Ein Baby wird mit Spannung erwartet.

Saras Mutter ist hochschwanger. Wenn Sara ihre Hände auf den Bauch ihrer Mutter legt, kann sie spüren, wie ihr kleiner Bruder strampelt.

Befruchtung • Beim Geschlechtsverkehr führt der Mann seinen Penis in die Scheide der Frau ein. Wenn dabei das Sperma des Mannes in die Scheide fließt, gelangen bis zu 300 Millionen Spermienzellen in den Körper der Frau. Nach dieser Zeugung beginnt das „Wettrennen" der Spermienzellen in die Gebärmutter. Kurze Zeit nach einem Eisprung befindet sich eine reife Eizelle in einem der Eileiter. Wenige Hundert der kräftigsten Spermienzellen bewegen sich am Ende auf die Eizelle zu.

Nur einer einzigen Spermienzelle gelingt es, in die Eizelle einzudringen. → 2 Dort verschmelzen die beiden Zellkerne miteinander. Wir sprechen von der Befruchtung der Eizelle.

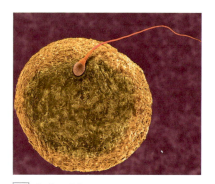

2 Befruchtung

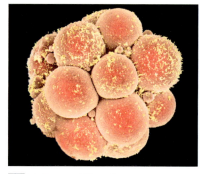

3 4. Tag: Zellhaufen

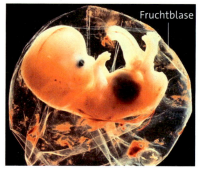

4 7. Woche: Embryo

die Befruchtung
die Schwangerschaft
der Embryo
der Fetus
die Geburt

Einnistung • Die befruchtete Eizelle wird in die Gebärmutter transportiert. Dabei beginnt sie sofort, sich zu teilen. Es entsteht ein Zellhaufen, der mit der Gebärmutterschleimhaut verwächst. → 3 Diesen Vorgang nennt man Einnistung. Mit ihr beginnt die Schwangerschaft. Der menschliche Keim wird Embryo genannt.

Schutz und Versorgung • Um den Embryo herum bildet sich eine mit Flüssigkeit gefüllte Blase, die Fruchtblase. Das darin enthaltene Fruchtwasser ist körperwarm und schützt den Embryo vor Erschütterungen. → 4
Der Mutterkuchen ist ein verdickter Bereich der Gebärmutter. Er versorgt über die Nabelschnur den Embryo mit Nährstoffen und Sauerstoff und transportiert Abfallstoffe ab.

Entwicklung • Ab der 9. Woche spricht man vom Fetus. Organe, Skelett und Gliedmaßen bilden sich aus. Der Fetus wird größer und schwerer. Er kann jetzt auch Reize aus der Umwelt wahrnehmen, zum Beispiel Geräusche und Helligkeitsunterschiede. → 5

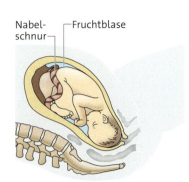
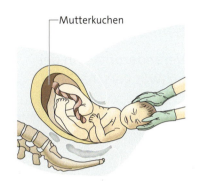

6 7 Geburt: Eröffnung und Austreibung

Geburt • Nach etwa 9 Monaten beginnt der Geburtsvorgang mit Wehen. → 6 Dabei zieht sich die Muskulatur in immer kürzeren Abständen zusammen. Die Wehen werden immer stärker und können sehr schmerzhaft sein. Sie schieben das Kind durch die Scheide nach außen. → 7
Das Neugeborene beginnt zu atmen. Die Nabelschnur wird nun durchtrennt. Der Mutterkuchen, die Fruchtblase und der Rest der Nabelschnur werden abschließend als Nachgeburt ausgestoßen.

> Wenn eine Eizelle durch eine Spermienzelle befruchtet wird, kann sie sich in neun Monaten zu einem Baby entwickeln.
> Wehen leiten die Geburt ein.

5 5. Monat: Fetus

Aufgaben

1 ○ Lass dir von deinen Eltern von deiner eigenen Geburt berichten.

2 ◐ Erkläre den Begriff Einnistung.

Ein Kind entsteht

Material A

Veränderungen in der Schwangerschaft

Der Körper einer schwangeren Frau wird in vielfältiger Weise beansprucht.

1 ○ Beschreibe die sichtbaren Veränderungen des Körpers einer schwangeren Frau zwischen dem 2. und dem 9. Schwangerschaftsmonat.
→ 1

2 ◐ Spätestens ab dem 7. Monat fällt werdenden Müttern das Atmen zunehmend schwer. Vermute eine mögliche Ursache.

3 Das ungeborene Kind wiegt im 3. Monat wenige Gramm und bei der Geburt drei bis vier Kilogramm. Die Mutter nimmt in in diesem Zeitraum durchschnittlich 11 kg zu.
◐ Erkläre den Unterschied.

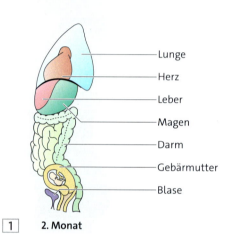

1 2. Monat

9. Monat

Material B

Aufgabe des Fruchtwassers

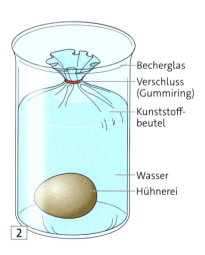

2

Mit einem Modellversuch kannst du die Bedeutung des Fruchtwassers für den Embryo erklären.

Materialliste: Hühnerei, Wasser, Kunststoffbeutel, Becherglas, Gummiring

1 Stelle das Modell her. → 2

2 ○ Ordne den Teilen des Modells die Teile in der Wirklichkeit zu: Hühnerei, Wasser, Kunststoffbeutel, Glas.

3 ○ Schüttle das Glas. Beschreibe, was mit dem Ei passiert.

4 ○ Führe den Versuch ohne Wasser im Beutel durch. Beschreibe das Versuchsergebnis.

5 ◐ Erkläre die Bedeutung des Fruchtwassers für den Embryo.

Material C

Entwicklung der Organe

1 Die Tabelle fasst die Untersuchungsergebnisse an Organen von Embryos während der Schwangerschaft zusammen. → 3

a ○ Benenne das Organ des Embryos, das zuerst voll ausgebildet ist.

b ◐ Was könnte der Grund für diese Reihenfolge sein? Stelle eine Vermutung an.

c ● Fertige mithilfe der Werte für die Körpergröße eine Wachstumskurve in einem Koordinatennetz an.
Hinweis: 1,5 cm auf der Hochwertachse entspricht 5 cm Körperwachstum. 1 cm auf der Rechtswertachse entspricht einem Schwangerschaftsmonat.

d ○ Gib mithilfe der Wachstumskurve an, in welchen Monaten der Fetus besonders schnell wächst.

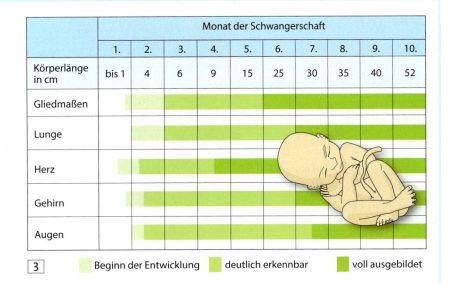

	Monat der Schwangerschaft									
	1.	2.	3.	4.	5.	6.	7.	8.	9.	10.
Körperlänge in cm	bis 1	4	6	9	15	25	30	35	40	52
Gliedmaßen										
Lunge										
Herz										
Gehirn										
Augen										

3 Beginn der Entwicklung   deutlich erkennbar   voll ausgebildet

Material D

Verhalten in der Schwangerschaft

Für die gesunde Entwicklung des Embryos ist es wichtig, dass die werdende Mutter ein gesundes Leben führt.

1 ◐ Stelle positive und schädigende Einflüsse auf das Kind in einer Tabelle gegenüber. → 4

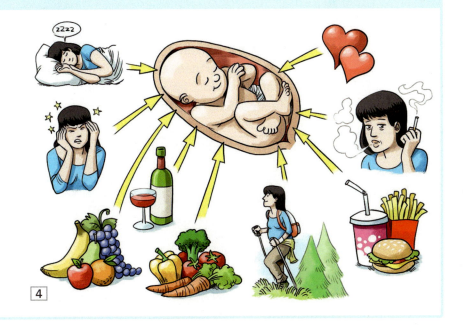

4

Möglichkeiten der Empfängnisverhütung

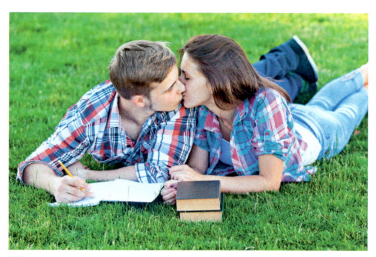

1 Die erste große Liebe

Lea und Jonas genießen ihre erste Liebe. Ein Kinderwunsch liegt noch in weiter Ferne. Vor einer Schwangerschaft wollen sie sich schützen.

Verhütung • Ab dem ersten Eisprung kann es zu einer Befruchtung kommen. Mädchen können deshalb schon vor der ersten Menstruation schwanger werden, wenn sie mit einem Jungen Geschlechtsverkehr haben. Für die Verhütung einer Schwangerschaft sind immer beide Partner verantwortlich. Deshalb ist es wichtig, dass sich beide Partner über Verhütung informieren und gemeinsam darüber sprechen – bevor sie miteinander schlafen.

Die bekanntesten Verhütungsmittel sind das Kondom und die Antibabypille. → 2

Kondom • Das Kondom besteht aus einer weichen, dünnen Gummihaut. Es wird vor dem Geschlechtsverkehr vorsichtig über den steifen Penis gerollt. Das Kondom verhindert, dass Spermienzellen in die Scheide der Frau gelangen und eine Eizelle befruchten. Kondome schützen nicht nur vor einer ungewollten Schwangerschaft, sondern auch vor der Ansteckung mit Krankheiten wie Aids.

Antibabypille • Die Antibabypille enthält künstliche Hormone. Sie verhindern den Eisprung. Eine Befruchtung der Eizelle ist dadurch nicht möglich. Die Pille wird nur vom Frauenarzt oder der Frauenärztin verschrieben. Sie muss sehr regelmäßig und genau nach Anleitung eingenommen werden. Dann besteht nur ein geringes Risiko, schwanger zu werden.

> Kondom und Antibabypille können vor einer ungewollten Schwangerschaft schützen. Für die Verhütung sind beide Partner verantwortlich.

2 Kondom und Antibabypillen

Aufgaben

1 ○ Gib an, wie die Antibabypille wirkt.

2 ● Erläutere die „doppelte" Schutzfunktion des Kondoms.

das Verhütungsmittel
das Kondom
die Antibabypille

Material A

Das erste Mal

100 Mädchen und 100 Jungen im Alter von 18 Jahren wurden gefragt, in welchem Alter sie ihr „erstes Mal" hatten. → 3

Alter	Mädchen	Jungen
unter 14 Jahren	3	5
14 Jahre	12	5
15 Jahre	16	18
16 Jahre	26	27
17 Jahre	9	10
noch nicht	34	35

3 In welchem Alter war „das erste Mal"?

1 ○ Fasse die Inhalte der Tabelle mit deinen eigenen Worten zusammen.

2 ○ Gib an, ob du Unterschiede zwischen Mädchen und Jungen feststellen kannst.

3 „Ich lasse mir nicht vorschreiben, wann ich mit jemanden schlafe. Und drängen lass ich mich schon gar nicht!"
● Nimm Stellung zu dieser Aussage.

Material B

Anwendung eines Kondoms

Ein Kondom kann nur vor einer Schwangerschaft und vor Krankheiten schützen, wenn es richtig angewendet wird.

Materialliste: Klassensatz Kondome, 5–6 Penismodelle oder Bananen

> Das Kondom wird vor dem Geschlechtsverkehr über den steifen Penis gestreift. Dabei hält eine Hand es an der Spitze, die andere Hand rollt es ab. Das Kondom fängt das Sperma in der Erweiterung an der Spitze auf.
> Wenn der Penis aus der Scheide gezogen wird, muss das Kondom festgehalten werden.
> 4

1 Arbeitet in Vierergruppen mit je einem Penismodell und vier Kondomen.
a Lest euch zuerst den Text sorgfältig durch. → 4
b ○ Übt anschließend in Gruppen das richtige Überstreifen des Kondoms und das richtige Entfernen des Kondoms. → 5 – 8
c ○ Fasst mit eigenen Worten zusammen, was bei der Anwendung eines Kondoms zu beachten ist.

2 Es gibt kein vollkommen sicheres Verhütungsmittel. Im Durchschnitt werden jährlich 70 von 1000 Frauen schwanger, obwohl sie ein Kondom angewendet haben.
● Vermutet mögliche Ursachen.

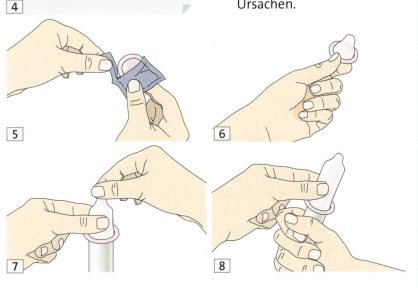

125

Möglichkeiten der Empfängnisverhütung

Erweitern

Ungewollt schwanger – was nun?

1 Schwanger!

2 Untersuchung durch eine Frauenärztin

Schwangerschaftstest • Schwanger oder nicht? Wenn eine Frau nicht sicher ist, hilft ein Schwangerschaftstest. Die Tests werden in Apotheken und Drogerien rezeptfrei verkauft. Sie enthalten einen Teststreifen, der mit Urin benetzt wird. Im Fall einer Schwangerschaft wird dabei ein Hormon nachgewiesen. → 1 Frühestens am Tag der zu erwartenden Menstruation gibt der Test Auskunft über eine mögliche Schwangerschaft. Er sollte durch weitere Untersuchungen von einer Frauenärztin oder einem Frauenarzt bestätigt werden.

Beratungsangebote • Eine Schwangerschaft ist auch vor der ersten Menstruation möglich. Viele Jugendliche überfordert die Vorstellung, so früh ein Kind zu bekommen. Manche verdrängen den Gedanken an eine Schwangerschaft oder trauen sich nicht, darüber zu reden. Neben kirchlichen Beratungsstellen bietet der Verein pro familia kostenlose Unterstützung an. Grundsätzlich muss dort niemand seinen Namen nennen. Im Gespräch werden Hilfsangebote aufgezeigt. Das Hilfetelefon vermittelt rund um die Uhr erfahrene Beraterinnen vor Ort, die bei allen Fragen helfend zur Seite stehen, zum Beispiel: Woran erkenne ich, dass ich schwanger bin? Wie sage ich es meinen Eltern oder meinem Freund? Was muss ich tun, wenn ich noch kein Kind möchte?

Vorsorgeuntersuchungen • Regelmäßige Untersuchungen durch eine Frauenärztin oder einen Frauenarzt sind bei einer festgestellten Schwangerschaft besonders wichtig. → 2 Durch die Untersuchungen kann von Anfang an die Entwicklung des Kindes verfolgt werden. Auch die Gesundheit der Mutter wird dabei in regelmäßigen Abständen untersucht.

Aufgabe

1 ○ Informiere dich über Beratungsstellen an eurem Schulort.
Stelle eine Liste zusammen mit Namen, Telefonnummern, Anschriften und E-Mail-Adressen.

Erweitern

Kondome schützen auch vor einigen Krankheiten

Übertragung • Miteinander schlafen gehört für viele Menschen zu den schönen Dingen im Leben. Dabei können aber auch Krankheiten übertragen werden. Man nennt sie sexuell übertragbare Krankheiten. Die Erreger dieser Krankheiten sind Bakterien, Viren, Pilze oder Einzeller. Sie können sich zum Beispiel im Blut, im Sperma oder in der Scheidenflüssigkeit befinden.
Kondome schützen nicht nur vor ungewollter Schwangerschaft. Sie senken auch die Gefahr einer Ansteckung mit sexuell übertragbaren Krankheiten.

Krankheitszeichen • Unangenehm riechender, gelb bräunlicher Ausfluss aus dem Penis oder der Scheide ist ein deutliches Zeichen für eine Erkrankung mit bestimmten Pilzen. Sie können beim Geschlechtsverkehr übertragen werden. Es kommt bei Männern zu Entzündungen der Eichel und der Vorhaut. Bei Frauen ist die Scheide betroffen. Die Erkrankten leiden unter Juckreiz und Brennen, besonders beim Wasserlassen.
Bläschen, Warzen und Geschwüre vor allem an den Geschlechtsorganen sind deutliche Anzeichen für Feigwarzen oder Syphilis. Die Syphilis wird durch Bakterien verursacht. Wenn sie nicht frühzeitig behandelt wird, kann die Syphilis die inneren Organe und das Nervensystem schwer schädigen.
Feigwarzen und Syphilis können auch über Hautkontakte übertragen werden. Kondome bieten deshalb keinen vollständigen Schutz, verringern aber das Risiko einer Ansteckung.

3 Kondome schützen auch vor Aids.

Behandlung • Wer Anzeichen einer sexuell übertragbaren Krankheit bei sich feststellt, sollte sich sofort von einer Ärztin oder einem Arzt untersuchen lassen. Die meisten dieser Krankheiten können gut behandelt werden und sind ohne Folgeschäden heilbar. Eine Ausnahme bildet Aids.

Aids • Bis heute ist eine Heilung dieser lebensbedrohenden Krankheit nicht möglich. Eine Aids-Erkrankung bedeutet die Schwächung des körpereigenen Abwehrsystems. Die Krankheitserreger finden sich in allen Körperflüssigkeiten, besonders in Blut, Sperma und Scheidenflüssigkeit.
Weltweit sterben jährlich über 1,5 Millionen Menschen an Aids. Kondome schützen wirkungsvoll vor der Übertragung von Aids-Erregern beim Geschlechtsverkehr. → 3

Aufgaben

1 ○ Beschreibe die Anzeichen einer möglichen sexuell übertragbaren Krankheit.

2 ● Begründe, warum Kondome auch vor der Übertragung von Krankheiten schützen.

Vom Ja- und Neinsagen

1 Stopp!

Materialien zur Erarbeitung: A–D

Das Neinsagen ist nicht immer einfach, wenn dir jemand unangenehm nahe kommt.
Eine klare Geste kann mitunter helfen.

Sexuelle Belästigung • Zuneigung und Liebe sind wichtig für den Austausch von Zärtlichkeiten und den Wunsch, miteinander zu schlafen.
Jedoch gibt es auch Formen sexuellen Verhaltens, die nicht durch Rücksichtnahme, Achtung, Verantwortung und Zuneigung geprägt sind. Erwachsene oder Jugendliche dürfen Mädchen und Jungen unter anderem nicht einfach an ihren Geschlechtsteilen berühren. Sie dürfen dies auch nicht von einem Mädchen oder Jungen verlangen. Ebenso dürfen sie mit ihnen keine Sexbilder oder Filme anschauen.

Auswirkungen • Sexuelle Belästigung und Gewalt kann seelische und körperliche Verletzungen verursachen. Deshalb sind diese Handlungen schwere Straftaten. Das Ausmaß der Schädigung hängt vom Alter des Opfers, der Form der Gewalt und der Beziehung zum Täter ab. Solche Erfahrungen sind zudem oft mit Gefühlen wie Ohnmacht oder Hilflosigkeit für das Opfer verbunden.

„Nein heißt Nein!" • Es ist verboten, unter Androhung oder Ausübung von Gewalt sexuelle Handlungen zu erzwingen. Es ist auch verboten, sich über das „Nein!" einer anderen Person hinwegzusetzen. Bereits dann drohen bis zu fünf Jahren Freiheitsstrafe.

Selbstbewusstsein • Selbstbewusst zu sein bedeutet:
• Nur du sagst anderen, was du willst oder nicht willst.
• Nur du allein bestimmst, wer deinen Körper berührt oder ob du einen anderen berühren willst.
Selbstbewusst zu sein kann helfen, sich gegen unangenehme Nähe und sexuelle Belästigungen zu wehren. Einige Verhaltensweisen können dir helfen, in Gefahrensituationen angemessen auf sexuelle Belästigungen und Gewalt zu reagieren. → 2 Lass dich nicht unter Druck setzen oder dir Angst machen. Wer deine Grenzen und Gefühle verletzt, ist im Unrecht.

Beratungsangebote • Die Jugendämter und andere Beratungsstellen bieten Hilfe bei sexueller Belästigung und Gewalt. → 3 Unter diesen Nummern

die sexuelle Belästigung

Selbstbewusst Grenzen setzen
- Sage deutlich „Nein", wenn Berührungen für dich unangenehm sind. Schaue deinem Gegenüber dabei ernst in die Augen – auch wenn diese Person zur Familie oder zu deinem Bekanntenkreis zählt. Sei auffällig, wenn dir jemand unangenehm nahe kommt oder etwas mit dir macht, was du nicht magst. Zeige durch den Tonfall und die Lautstärke deiner Stimme, dass du das nicht möchtest.

- Mache mit deiner Körperhaltung deutlich, dass du es ernst meinst. Strecke zum Beispiel deine Hand abwehrend nach vorne.

- Wenn die andere Person deine Grenzen nicht achtet und weitermacht, holst du dir am besten Hilfe.

- Vertraue dich jemandem an, wenn du sexuell belästigt oder bedrängt wurdest. Das kann ein Familienmitglied, eine Freundin oder ein Vertrauenslehrer sein.

2 Selbstbewusst verhalten

kannst du kostenlos anrufen. Du
60 brauchst auch nicht deinen Namen zu nennen. Die Personen am Telefon hören dir zu und überlegen mit dir, wie sie helfen können.

Gefahren im Netz • Sei misstrauisch im
65 Netz! Am anderen Ende sitzt vielleicht ein Mensch, der dich belästigen will. →4 Gib deshalb nicht deine Kontaktdaten oder deinen Namen preis. Beende den Kontakt, wenn du dich be-
70 drängt fühlst. Achte auf dein Gefühl. Du spürst, was sich komisch, peinlich

oder eklig anfühlt. Triff dich nicht mit einer Netzbekanntschaft, wenn du dir nicht absolut sicher bist, um wen es
75 sich handelt. Wende dich im Zweifelsfall an eine Person deines Vertrauens.

> Nur du bestimmst über deinen Körper. Nur du darfst entscheiden, was mit ihm geschieht. Selbstbewusstes Auftreten kann in gefährlichen Situationen helfen, deine Rechte deutlich zu machen.

4 Kennst du dein Gegenüber?

- Kinder- und Jugendtelefon „Nummer gegen Kummer": 116111
- Telefonseelsorge: 0800 1110111 (rund um die Uhr)

3 Telefonische Beratungsangebote

Aufgaben

1 ○ Überlege dir mit deinem Partner mögliche Situationen, in denen es wichtig ist, deutlich Nein zu sagen.

2 ● Selbstbewusstes Auftreten kann man lernen. Bewerte diese Aussage.

129

Vom Ja- und Neinsagen

Material A

Mein Körper und meine Gefühle

In manchen Situationen fragst du dich vielleicht: Was tut mir gut und was nicht? Wo liegen die Grenzen? Wie verhalte ich mich richtig?

1 🌀 Versetze dich in die Lage der Jugendlichen. → [1]
a Nimm Stellung: Welchen Aussagen würdest du zustimmen? In welchen Fällen würdest du anders handeln?
b Wen würdest du um Rat oder Hilfe bitten, wenn du dich sexuell belästigt fühlst?
Berichte und begründe.

Ich bekomme gerne Komplimente – aber wenn ein Erwachsener mir lange nachschaut, mache ich mich lieber aus dem Staub.

Leute, die ich gut kenne, dürfen mich gern einladen.

Meine Freundinnen dürfen gern Fotos von mir posten.

Meine Mathelehrerin klopft mir aufmunternd auf die Schulter. Alles klar, tut gut!

Ich lasse mich gern umarmen. Von allen, die ich gern habe.

Gegen meinen Willen fasst mich keiner an. Da bekommt der eine klare Ansage.

[1] Was ist richtig – was ist falsch?

Material B

Sicher chatten!

1 🌀 Chatten kann viel Spaß machen. Es gibt aber auch Chatter, die es mit dir nicht ehrlich meinen.
a Lies dir Annas Chat mit „Kuschelkatze14" durch. → [2] Bewerte ihr Verhalten.
b Wie würdest du dich verhalten? Formuliere Regeln für das Chatten mit Unbekannten.

[2] Wann sagst du „Stopp!"?

Material C

Selbstbewusst auftreten

Wenn jemand von dir etwas verlangt, was du nicht willst, musst du klar Nein sagen.

1 ○ Situation: Dein Banknachbar verlangt etwas von dir, was du absolut nicht möchtest.
a Stellt euch gegenüber. Mache deinem Partner durch deinen Gesichtsausdruck, deine Handhaltung und durch Sprache deutlich, dass du nicht auf seinen Wunsch eingehst. → 3
b Beschreibe deine Gedanken und Gefühle in der Situation. Lass dir von deinem Partner berichten, wie du auf ihn gewirkt hast und wie er dich wahrgenommen hat.
c Wechselt die Rollen. Nun hat dein Partner die Möglichkeit, dir ein deutliches „Nein" klarzumachen.
d Gib auch ihm eine Rückmeldung über sein Auftreten.

3 Rollenspiel

Material D

Dein Körper gehört dir!

Du allein bestimmst, was mit deinem Körper passiert. Du erlaubst nur, was du wirklich möchtest.

1 ◐ Lest die Texte. → 4 5
a Beurteilt das Verhalten von Jonas und Lea. Haben sie richtig gehandelt? Begründet eure Meinung.
b Versetzt euch in die Lage von Jonas oder Lea und gebt ihnen Ratschläge, wie sie sich verhalten sollen.
c Diskutiert in der Gruppe.

Jonas turnt seit der zweiten Klasse in einem Verein. Inzwischen trainiert er zweimal die Woche. Obwohl er ein sehr guter Turner ist, fühlt er sich momentan nicht wohl. Er überlegt, ob er mit dem Sport aufhören sollte. Sein neuer Trainer fasst ihn immer besonders lange an, um ihm Hilfestellungen beim Geräteturnen zu geben. Jonas hat das Gefühl, dass der Trainer seine Hand absichtlich lange an seinen Po legt.

4 Beim Sporttraining

Lea ist letzte Woche dreizehn Jahre alt geworden und zum ersten Mal richtig verliebt. Ihr Freund ist schon fast 17 Jahre alt und besucht die 9. Klasse. Als Leas Eltern nicht da sind, ist ihr Freund bei ihr zu Hause und die beiden kuscheln auf dem Sofa. Ihr Freund fängt an, Leas Pullover auszuziehen. Lea fühlt sich jedoch nicht wohl dabei und versucht, ihn abzulenken. Sie hat Angst, dass er sie für kindisch hält. Deshalb sagt sie nichts.

5 Unangenehme Gefühle

Pubertät und vorgeburtliche Entwicklung

Zusammenfassung

Pubertät • Zwischen 9 und 15 Jahren beginnt die die Pubertät. Der Körper wird größer und breiter, Achsel- und Schamhaare wachsen. Jungen wächst ein Bart und sie kommen in den Stimmbruch. Bei Mädchen entwickeln sich Brüste.

Männliche Geschlechtsorgane • Die äußerlich sichtbaren Geschlechtsorgane sind Penis und Hodensack. In den Hoden reifen die Spermienzellen heran. Über den Spermienleiter und den Penis gelangen sie aus dem Körper heraus. → 1

Weibliche Geschlechtsorgane • Schamlippen und Kitzler bilden die äußeren Geschlechtsorgane. In den Eierstöcken reifen die Eizellen heran. Jeden Monat gelangt eine Eizelle über den Eileiter in die Gebärmutter. Deren Schleimhaut verdickt sich stark und fängt die Eizelle auf. → 2

Menstruation • Wenn die Eizelle nicht befruchtet wird, löst sich die Gebärmutterschleimhaut mit der Eizelle ab und wird durch die Scheide ausgestoßen. Die dabei entstehende Blutung nennt man Menstruation.

Hygiene • Sorgfältige Körperpflege trägt zur Gesunderhaltung der Haut und der Geschlechtsorgane bei. Die tägliche Reinigung dieser Bereiche kann schlechten Gerüchen und Hautreizungen vorbeugen.

1 Männliche Geschlechtsorgane

2 Weibliche Geschlechtsorgane

Empfängnisverhütung • Verhütungsmittel wie die Antibabypille oder das Kondom können bei richtiger Anwendung eine Schwangerschaft verhindern. Für die Verhütung sind beide Partner gemeinsam verantwortlich.

Befruchtung • Wenn beim Geschlechtsverkehr die Spermienzellen über die Scheide in den Körper der Frau gelangen, kann es zu einer Befruchtung kommen. Dabei verschmelzen die Zellkerne der Spermienzelle und der Eizelle.

Schwangerschaft und Geburt • Nach mehreren Teilungen nistet sich die befruchtete Eizelle in der Gebärmutterschleimhaut ein. Man spricht jetzt vom Embryo. Die Schwangerschaft beginnt. Der Embryo wird durch die Fruchtblase und das Fruchtwasser geschützt. Er erhält Sauerstoff und Nährstoffe über die Nabelschnur aus dem Blut der Mutter. Die Entwicklung eines Kindes dauert neun Monate. Die Wehen leiten die Geburt ein. Nach der Geburt wird die Nabelschnur durchtrennt. Das Kind atmet erstmals selbst.

Teste dich! (Lösungen auf S. 190)

Pubertät

1 ○ Nenne Veränderungen im Körper von Jungen und Mädchen während der Pubertät.

Geschlechtsorgane und Menstruation

2 ○ Benenne die männlichen Geschlechtsorgane. Ordne den Nummern die Begriffe zu. → 3

3 ○ Benenne die weiblichen Geschlechtsorgane. Ordne den Nummern die Begriffe zu. → 4

4 ◐ Bringe die Abbildungen zum Menstruationskreislauf in die richtige Reihenfolge und beschreibe den Ablauf. → 5 Verwende dabei die Begriffe: Eierstock, Eizelle, Eileiter, Gebärmutter, Gebärmutterschleimhaut und Scheide.

Empfängnisverhütung

5 ◐ Nenne zwei Verhütungsmittel und beschreibe jeweils die Wirkungsweise.

6 ● Leon sagt: „Beim ersten Mal kann sowieso nichts passieren. Außerdem ist Verhütung Mädchensache und nicht mein Problem." Bewerte Leons Einstellung zur Verhütung.

Schwangerschaft und Geburt

7 ○ Beschreibe den schrittweisen Ablauf einer Geburt.

8 ● Erläutere die Bedeutung von Fruchtwasser, Fruchtblase, Mutterkuchen und Nabelschnur für das heranwachsende Kind.

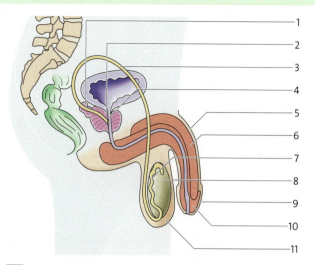

3 Männliche Geschlechtsorgane

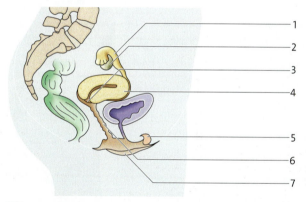

4 Weibliche Geschlechtsorgane

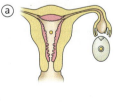 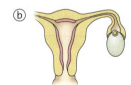

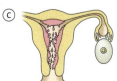 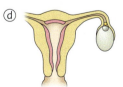

5 Menstruation – wie ist die richtige Reihenfolge?

133

Kraft und Arbeit

Der Tennisschläger trifft mit voller Wucht den heranfliegenden Tennisball. Der Ball wird schneller und fliegt zurück zum Gegner.

Wofür muss man mehr arbeiten: einen Container auf drei andere stapeln oder drei Container ein „Stockwerk" hochheben?

Dieser Wanderweg führt nicht gerade nach oben, sondern in vielen Kurven. Man läuft länger, aber es ist nicht so anstrengend.

Was Kräfte bewirken

1 Beschleunigt von der Kraft eines Pferdes

Volle Kraft voraus! Was können Kräfte alles bewirken?

Kräfte – physikalisch gesehen • Im Alltag sprechen wir von kräftigen Farben und Worten, von der „Sehkraft" oder von der „Waschkraft".
In der Physik verstehen wir etwas anderes unter Kraft. → 2

> Physikalische Kräfte erkennt man an ihren Wirkungen. Auf einen Gegenstand wirkt eine Kraft, wenn er:
> • schneller oder langsamer (beschleunigt oder verzögert) wird,
> • umgelenkt wird,
> • verformt wird.

Für eine physikalische Kraft braucht man immer zwei Gegenstände: ein Gegenstand übt die Kraft auf den anderen aus.

Die Kugel wird angestoßen. Wirkung der Kraft: schneller werden

Der Ball wird zur Ecke geklärt. Wirkung der Kraft: umlenken

Der Teig wird geknetet. Wirkung der Kraft: verformen

Der Wind bremst die Radfahrerin. Wirkung der Kraft: langsamer werden

2 Kräfte erkennt man an ihren Wirkungen.

Aufgabe

1 In den folgenden Beispielen ist von Kräften die Rede:
  • Im Alter lässt die Sehkraft nach.
  • Ein Autofahrer gibt Gas und überholt einen Bus.
  • Ein Apfel fällt vom Baum.
  • Tom schlägt einen Nagel in die Wand – und verbiegt ihn dabei.
  • Lanin hat starke Waschkraft.
a ○ Nenne die Beispiele, in denen physikalische Kräfte eine Rolle spielen.
b ◐ Begründe jeweils deine Entscheidung. Schreibe dazu jeweils die Wirkung der Kraft auf.

Kraft und Arbeit
Materie, Stoffe und Technik

beschleunigen
verzögern
umlenken
verformen
die Kraft

Material A

Kräfte im Sport

1 🌀 Im Sport werden überall physikalische Kräfte ausgeübt. → ⬚3⬚ – ⬚10⬚

a Gib für jedes Beispiel die Wirkung(en) der Kraft an.
b Nenne jeweils die beiden Gegenstände, die aufeinander einwirken.

3

4

5

6

7

8

9

10

Material B

Kräfte auf eine Kugel

Materialliste: Teppich, starker Magnet, Klötze, schmale Rinne (U-Profil), Stahlkugel

1 ⬚ Stelle die Rinne etwas schräg auf dem Boden auf.
a Lass die Kugel in der Rinne hinunterrollen. Markiere, wie weit sie gerollt ist.
b Verändere den Aufbau so, dass die Kugel weiterrollt. Notiere, was du veränderst.
c Vergleiche, wie weit die Kugel auf glattem Boden und auf dem Teppich rollt.
d Beschreibe die Bewegung der Kugel in der Rinne und auf dem Boden genau.

2 Ändere mit dem Magneten die Geschwindigkeit und die Richtung der rollenden Stahlkugel auf dem Boden. → ⬚11⬚ Probiere verschiedene Möglichkeiten aus.
⬚ Beschreibe jeweils genau, wie sich die Bewegung der Kugel ändert.

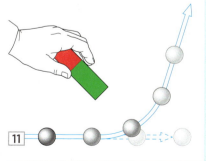
11

137

Kräfte messen

1 Wie stark bist du?

Material zur Erarbeitung: A

Mit dem elastischen Band trainierst du deine Muskeln. Du kannst damit auch messen, wie stark du bist.

Kräfte messen • Je weiter du das Band dehnst, desto größer ist deine Kraft. Nach dem gleichen Prinzip funktionieren viele Kraftmesser. → 2 In diesen Kraftmessern wird anstelle des Bands eine Schraubenfeder gedehnt. Bei kleinen Kräften gilt: → 3
- 2-fache Kraft → 2-fache Verlängerung
- 3-fache Kraft → 3-fache Verlängerung

Die Kraft wird in Newton (1 N) gemessen. 1 N ist die Kraft, die du zum Heben einer 100-g-Tafel Schokolade benötigst. Große Kräfte werden in kN gemessen. 1 kN = 1000 N.

> Wir messen Kräfte mithilfe der Dehnung einer Schraubenfeder. Die Verlängerung der Schraubenfeder entspricht der Zunahme der Kraft. Die Einheit der Kraft ist 1 Newton (1 N).

Kräfte zeichnen • Ein Pfeil zeigt, wie die Kraft auf einen Gegenstand wirkt:
- Der Kraftpfeil beginnt an dem Punkt, an dem der Ball getroffen wird. Dort greift die Kraft an. → 4
- Je härter der Ball getroffen wird, desto größer ist die Kraft auf den Ball. Umso länger ist auch der Kraftpfeil.
- Die Pfeilspitze zeigt, in welche Richtung die Kraft auf den Ball wirkt.

> Ein Kraftpfeil zeigt die Größe, die Richtung und den Angriffspunkt der Kraft.

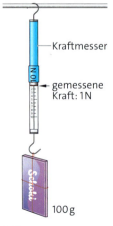

2 Kraftmessung

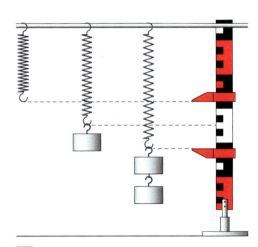

3 Dehnung einer Schraubenfeder

4 So zeichnen wir eine Kraft.

Aufgabe

1 🌀 Beschreibe die Veränderung einer Schraubenfeder, wenn die angehängte Masse 5-mal (3-mal, halb) so groß ist.

die Schraubenfeder
das Newton (N)
der Kraftmesser
der Kraftpfeil

Methode

Kräfte messen mit dem Kraftmesser

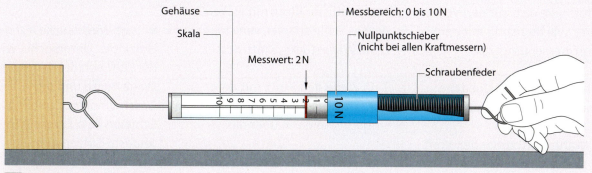

5 Aufbau eines Kraftmessers

Kraftmesser • So misst du richtig mit dem Kraftmesser: → 5

1. Kraftmesser auswählen Es gibt Kraftmesser für größere und für kleinere Kräfte. → 6 Auf jedem Kraftmesser ist sein Messbereich angegeben. Eine zu große Kraft kann die Schraubenfeder des Kraftmessers beschädigen. Mache eine Probemessung mit dem Kraftmesser für den größten Messbereich. Wenn die Schraubenfeder nur wenig gedehnt wird, probiere den nächstkleineren. Wenn dann die Feder weit ausgedehnt wird, ist der richtige Kraftmesser gefunden.

2. Auf null stellen Halte den Kraftmesser auf Augenhöhe und schiebe den Nullpunktschieber auf die Markierung „0".

3. Messen Hänge ein Wägestück ein oder ziehe mit dem Kraftmesser einen Gegenstand.

4. Richtig ablesen Gehe auf Augenhöhe zur Skala. Lies den angezeigten Wert ab. → 7

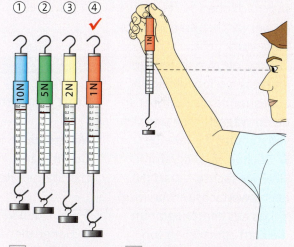

6 Kraftmesser auswählen

7 Auf Augenhöhe ablesen!

Aufgaben

1 ○ Kraftmesser
a Nenne die Teile des Kraftmessers.
b Beschreibe, wie du ihn richtig benutzt.

2 Miss die Kraft, die zum Heben von 70 g (1200 g) nötig ist.

139

Kräfte messen

Material A

Kraft beim Heben messen

Informiere dich auf den Vorseite, wie du richtig mit dem Kraftmesser umgehst.

Materialliste: verschiedene Kraftmesser, Wägestücke

1 Wähle den passenden Kraftmesser und hänge ein Wägestück daran.
a Hebe den Kraftmesser langsam nach oben. → 1 Lies ab, bei welcher Kraft sich das Wägestück hebt.
b ○ Trage die Masse und die Kraft in eine Tabelle ein.
c ○ Bestimme die Kraft bei anderen Wägestücken und vervollständige die Tabelle.
d ◐ Zeichne ein Diagramm: Hochwertachse – Kraft (N), Rechtswertachse – Masse (g).
e ◐ Lies aus dem Diagramm die Kraft zum Heben von 120 g (260 g; 700 g) ab.

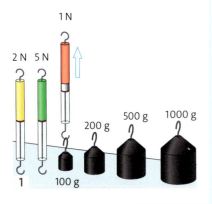

Material B

Kraft beim Ziehen messen

Materialliste: Klotz mit Haken, grobes Schleifpapier, verschiedene Wägestücke, Kraftmesser

1 ○ Ziehe den Klotz mit dem Kraftmesser erst über den Tisch und dann über das Schleifpapier. → 2 Vergleiche die Messwerte.

2 ◐ Lege Wägestücke auf den Holzklotz. Untersuche, wie die Kraft von der Anzahl der Wägestücke und der Geschwindigkeit abhängt. Schreibe dein Ergebnis in Je-desto-Sätzen auf.

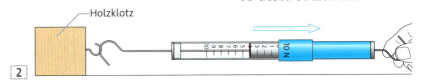

Material C

Kraft und Verlängerung

Materialliste: Schraubenfeder, Gummiband, viele Wägestücke, Stativmaterial, Lineal

1 Baue den Versuch auf. → 3
a Hänge die Schraubenfeder an den Haken. Stelle den Schieber am Lineal auf die Unterkante der Feder ein.
b ○ Hänge Wägestücke an. Miss jeweils die Verlängerung der Feder. Notiere die Massen und die Verlängerungen in einer Tabelle.
c ◐ Zeichne ein Diagramm: Hochwertachse – Verlängerung (cm), Rechtswertachse – Masse (g).
d ◐ Begründe, warum eine Schraubenfeder zur Kraftmessung gut geeignet ist.

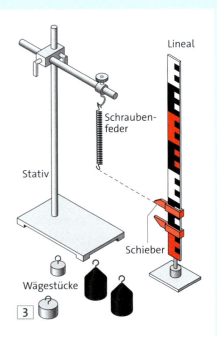

Erweitern

Weltmeister im Gewichtheben

4 Ameisen

5 Containerkran

Ameisen • Hast du im Sommer schon einmal Ameisen bei der Arbeit beobachtet? Die kleinen Tierchen schleppen oft große Krümel oder Holzstückchen über eine weite Strecke. Dabei ist es oft unglaublich, welche Kräfte sie dazu einsetzen. Eine Ameise wiegt kaum mehr als 5 mg (0,005 g). Zum Heben von kleinen Gegenständen kann sie eine Kraft von bis zu 0,005 N einsetzen. → 4 Das klingt wenig, jedoch könnte die Ameise mit dieser Kraft das Hundertfache ihres Körpergewichts heben. Zum Vergleich: Wenn du das Hundertfache deines Körpergewichts heben könntest, wären kleine Lastwagen kein Problem für dich. Du wärst Weltmeister im Gewichtheben.

Containerkran • Richtige Kraftprotze scheinen im Vergleich zu den Ameisen die großen Hafenkräne zu sein, die Containerschiffe be- und entladen. → 5

Ein voller Container wiegt 30 Tonnen, das sind 30 000 kg. Um solche Gewichte zu heben, muss der Kran eine Kraft von bis zu 300 kN aufbringen. Das klingt viel. Doch im Vergleich zu dem Gewicht des Krans ist das nur ein kleiner Teil. Ein Containerkran schafft es nicht, das Hundertfache seines eigenen Gewichts zu heben. Da bleiben die Ameisen Sieger im Gewichtheben.

Aufgaben

1 ○ Nenne Gegenstände, die von Ameisen transportiert werden.

2 ◐ Wie viele kg könntest du heben, wenn du stark wie eine Ameise wärst? Berechne es.

3 ● „Eine Ameise ist stärker als ein Kran!" Nimm Stellung zu dieser Meinung.

Auf dem Mond ist alles leichter

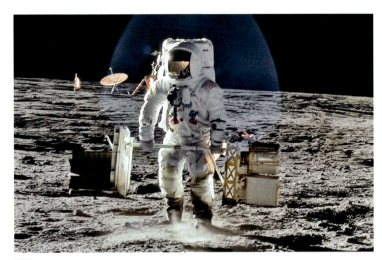

1 Alan L. Bean auf dem Mond (Apollo 12, 1969)

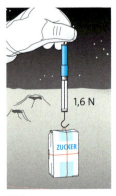

2 Auf der Erde

3 Auf dem Mond

| Die Masse eines Gegenstands ist an allen Orten gleich groß. Die Gewichtskraft auf einen Gegenstand ist vom Ort abhängig.

Newtons Erkenntnis • Alles fällt nach unten, wenn es losgelassen wird. Aber wie ist es auf der anderen Seite der Erde? → 4 Der Naturforscher Isaac Newton (1643–1727) dachte darüber lange nach. Er kam auf die Idee: „Unten" ist immer die Richtung zum Erdmittelpunkt. Newton erkannte:

| Jeder Gegenstand zieht jeden anderen Gegenstand an.

Die Anziehung ist umso größer, je größer die Masse der Gegenstände ist. Dabei ist es unwichtig, aus welchem Stoff die Gegenstände bestehen.

Der Astronaut trägt 163 kg Ausrüstung! Auf der Erde könnte er sie nicht heben.

Masse • Ein Kilogramm ist überall gleich viel. Eine Tüte Zucker enthält auf der Erde genauso viel Zucker wie auf dem Mond. Die Masse der Tüte Zucker ist deshalb überall gleich.

Gewichtskraft • Die Erde zieht die Tüte Zucker und alle anderen Gegenstände an. Diese Anziehungskraft bezeichnen wir als Gewichtskraft. Wir müssen sie „überwinden", um einen Gegenstand anzuheben. Für die Tüte Zucker von 1 kg ist dafür auf der Erde eine Kraft von rund 10 N nötig. → 2
Auf dem Mond können wir 1 kg schon mit einer Kraft von 1,6 N anheben. → 3 Der Mond hat nämlich eine kleinere Masse als die Erde. Er übt deshalb auch eine kleinere Gewichtskraft auf Gegenstände aus. Daher kann der Astronaut auf dem Mond die Ausrüstung anheben und tragen.

4 Alles fällt nach unten?

Aufgabe

1 ○ Gib an, wie viel Kraft du benötigst, um auf dem Mond 50 kg anzuheben.

die Masse
die Gewichtskraft
Isaac Newton

Material A

Unterschiedliche Gewichtskräfte

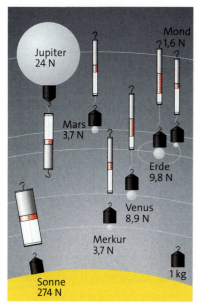

5 Himmelskörper und Gewichtskräfte

1 Die Gewichtskraft ist auf den Himmelskörpern verschieden groß. → 5
a ○ Ordne die Himmelskörper nach der Größe der Gewichtskräfte.
b ○ Gib an, wo die Gewichtskraft etwa so groß ist wie auf der Erde.
c ◐ Berechne die Gewichtskraft, die auf dem Merkur auf dich wirken würde.
d ◐ Woran liegt es, dass die Gewichtskräfte verschieden groß sind? Stelle eine Vermutung an.

Material B

Schwere Ausrüstung – leichter gemacht

1 Auf der Erde übte der Astronaut Alan L. Bean seinen Einsatz nicht mit der echten Ausrüstung, sondern mit einer Attrappe. Sie war genauso schwer anzuheben wie die richtige Ausrüstung auf dem Mond. → 1
a ◐ Wog die Attrappe weniger oder mehr als die echte Ausrüstung? Begründe deine Antwort.
b ● Berechne die Masse der Attrappe. Könntest du die Attrappe anheben?

Material C

Isaac Newton

1 ◐ Lies den Text. → 6
Erkläre, warum ein Satellit nicht auf die Erde fällt.

2 ◐ „Der Mond zieht auch die Erde an."
Stimmt die Aussage? Begründe deine Meinung.

Der Naturforscher Isaac Newton saß an einem klaren Herbstabend in seinem Garten und beobachtete den Mond. Plötzlich plumpste ein reifer Apfel neben ihm ins Gras. Er fragte sich: „Warum fällt der Apfel auf die Erde, der Mond aber nicht?" Newton erkannte: Der Mond bewegt sich sehr schnell. Eine Kraft verhindert aber, dass der Mond sich weiter entfernt. Er wird „gezwungen", die Erde zu umrunden. Es ist dieselbe Kraft, die den Apfel herunterfallen lässt – die Anziehungskraft der Erde. Newton erkannte, dass alle Gegenstände sich gegenseitig anziehen – also auch der Apfel die Erde. Diese Kraft ist jedoch winzig, weil der Apfel eine viel kleinere Masse als die Erde hat.

6 Apfel, Mond und Erde

Die Reibungskraft

[1] Wichtig für sicheres Fahren: das Reifenprofil

Material zur Erarbeitung: A

Warum rutschen Autos beim Anfahren nicht einfach weg?

Raue Oberflächen • Die Oberflächen aller Gegenstände sind nie ganz glatt. Es gibt immer Unebenheiten. → [2] Wenn man zwei Gegenstände gegeneinander bewegt, reiben sich die Unebenheiten aneinander. → [3] Es treten Reibungskräfte auf, die die Bewegung bremsen. Je rauer die Oberflächen sind, desto größer sind die Reibungskräfte. Auch bei Bewegungen im Wasser und der Luft spürst du Reibungskräfte.

> Wenn ein Gegenstand gegen einen anderen verschoben wird, treten Reibungskräfte auf.

Bedeutung • Reibungskräfte verhindern, dass dein Fahrrad von der Straße rutscht oder dass du beim Gehen umfällst. Auf Eis kannst du deine Bewegung schwer kontrollieren, weil die Reibungskräfte zwischen dem Eis und deiner Schuhsohle zu gering sind. Es kann zu Unfällen kommen.
Auch im Straßenverkehr braucht man stets ausreichend große Reibungskräfte zwischen der Straße und den Reifen, damit das Fahrzeug nicht verunglückt. → [4] Ein gutes Reifenprofil hilft, um sicher zu fahren und zu bremsen. Allzugroß dürfen die Reibungskräfte aber auch nicht sein – sonst steigt der Treibstoffverbrauch des Fahrzeugs. Gäbe es gar keine Reibungskräfte, so würde eine Bewegung ewig andauern. Ohne Reibung fliegen Weltraumsonden für alle Ewigkeit durch das All.

[4] Achtung: glatte Straße!

[2] Gummireifen, 300-fach vergrößert

[3] Unebenheiten

Aufgaben

1 ○ Beschreibe, wie Reibungskräfte entstehen.

2 ◐ Begründe, warum gute Reifen im Verkehr wichtig sind.

die Reibungskraft

Material A

Sichere Fahrt mit guter Reibung

Beim Verschieben von Gegenständen auf einer Unterlage treten Reibungskräfte auf.

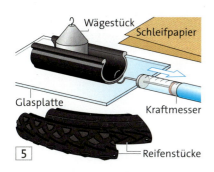

5

Materialliste: Kraftmesser, Wägestück, Glasplatte, einige Stücke Fahrradreifen mit verschiedenen Profilen (mit Loch), Schleifpapier (fein und grob)

1 Untersuche, wie die Reibungskraft vom Reifenprofil abhängt.
 a Stelle das Wägestück auf ein Reifenstück. Ziehe beides über die Glasplatte. → 5
 b Miss die notwendige Kraft. Wiederhole den Versuch mit den anderen Reifenprofilen.
 c ○ Protokolliere die Ergebnisse in einer Tabelle.

2 Wiederhole die Versuche auf anderen Unterlagen.
 a Ziehe die verschiedenen Reifenprofile über feines und grobes Schleifpapier.
 b ○ Protokolliere die Ergebnisse in die Tabelle.
 c ◐ Stelle alle Messergebnisse gegenüber. Ermittle die Anordnung mit der größten und der kleinsten Reibungskraft.

Material B

Reifen vergleichen

Autoreifen werden in drei Bereichen getestet und mit Testnoten zwischen A = sehr gut bis G = mangelhaft bewertet.

1 ◐ Lies ab, in welchem Bereich der Reifen eine gute Note bekommt. → 6

2 ◐ Erkläre, warum sich ein gutes Bremsverhalten in anderen Bereichen negativ auswirken kann.

3 ● Suche im Internet weitere Reifenlabel und bewerte die Produkte.

Bereich Bremsverhalten
Je länger der Bremsweg auf nasser Fahrbahn mit dem Reifen ist, desto schlechter ist seine Note.

Bereich Treibstoffverbrauch
Je höher der Treibstoffverbrauch mit dem Reifen ist, desto schlechter ist die Note.

Bereich Rollgeräusche
Je lauter die Rollgeräusche des Reifens in Dezibel (db) sind, desto höher ist der Wert und desto schlechter ist die Note.

6 Reifenlabel

Die Arbeit

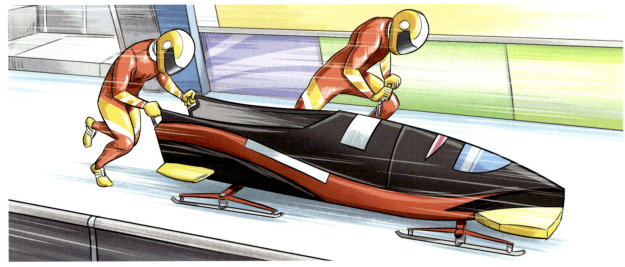

[1] Hopp, hopp! – Kraftvoll wird der Zweierbob beschleunigt.

Mit vereinten Kräften wird der Bob angeschoben und auf die Startgeschwindigkeit gebracht.

Beschleunigungsarbeit • Beim Anschieben wirkt eine Kraft über den Anlaufweg auf den Bob. Dabei wird das Fahrzeug immer schneller. → [2] Die Bobfahrer verrichten Arbeit. Die Arbeit ist umso größer:
- je mehr Kraft die Sportler einsetzen,
- je länger der Anlaufweg ist.

Hubarbeit • Beim Heben einer Hantel wirkt eine Kraft über die Hubhöhe. → [3] Die Sportlerin verrichtet Arbeit.

Die Arbeit ist umso größer:
- je mehr Kraft die Sportlerin einsetzt,
- je höher die Hantel gehoben wird.

> Arbeit wird verrichtet, wenn eine Kraft entlang eines Weges wirkt.
> Arbeit = Kraft mal Weg
> Wir geben die Arbeit in Newtonmeter (Nm) an.
> 1 Newtonmeter (1 Nm) = 1 Joule (1 J)

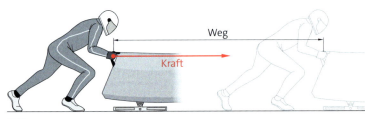

[2] Beschleunigungsarbeit = Kraft mal Weg

[3] Hubarbeit = Kraft mal Weg

die Arbeit
die Beschleunigungsarbeit
die Hubarbeit
das Newtonmeter
das Joule

Arbeit oder nicht? • Wenn du einen Bob anschiebst oder eine Hantel hochhebst, wirkt jeweils eine Kraft entlang einer Wegstrecke. In diesem Fall wird in der Physik von Arbeit gesprochen. Wenn du dagegen zuhause am Schreibtisch Hausaufgaben machst, ist das im physikalischen Sinn keine Arbeit.

Arbeit berechnen • Zur Berechnung der Arbeit benötigst du:
- die Kraft, die auf einen Gegenstand wirkt. Beispiel: Zum Bobanschieben wird eine Kraft von 500 N benötigt.
- den Weg, über den die Kraft wirkt. Beispiel: Der Bob wird über einen Weg von 30 m geschoben. Damit beträgt die verrichtete Arbeit 500 N · 30 m = 15 000 Nm. → 4

Arbeit und Energie • Wenn die Kiste in das untere Regalfach gehoben wird, wird Arbeit verrichtet. → 5 Die doppelte Arbeit wird beim Heben der Kiste vom Boden ins obere Fach verrichtet, weil auch der Weg doppelt so lang ist. Sieht man das den Kisten noch an? Jede Kiste speichert die zugeführte Arbeit als Lageenergie. Eine Kiste im oberen Fach besitzt doppelt so viel Lageenergie wie eine im unteren Fach.

> Beim Heben eines Gegenstands wird Arbeit in Lageenergie überführt.

Die Lageenergie gibt man wie die Arbeit in Newtonmeter (1 Nm) oder Joule (1 J) an.

```
Eine 15 kg schwere Kiste wird um 0,5 m
angehoben. Berechne die verrichtete
Arbeit.

Gegeben:    Masse der Kiste = 15 kg
            Gewichtskraft = 150 N
            Höhe = 0,5 m

Berechnung: Arbeit = Kraft mal Weg
            Arbeit = 150 N · 0,5 m
            Arbeit = 75 Nm

Beim Heben der Kiste wurde eine
Arbeit von 75 Nm verrichtet.
```

4 Beispiel: Arbeit berechnen

5 Arbeit wird in Lageenergie überführt.

Aufgaben

1 ○ Berechne die verrichtete Arbeit.
a Im Laden werden 10 Kisten von je 8 kg auf 2 m Höhe gehoben.
b Ein defektes Auto wird mit der Kraft von 500 N über 200 m geschoben.

2 ○ Nenne drei Beispiele für Arbeit im physikalischen Sinn.

Die Arbeit

Material A

Hubarbeit oder Beschleunigungsarbeit?

1 ○ Hubarbeit oder Beschleunigungsarbeit? Ordne die Bilder den Begriffen zu.
→ 1 – 3

2 ○ Schätze ab, wo am meisten gearbeitet wird.

3 ○ Berechne für jedes Bild die geleistete Arbeit.

4 ◉ Zeichne in gleicher Weise weitere Situationen, in denen gearbeitet wird.

1 Schlitten ziehen

2 Einkaufswagen abbremsen

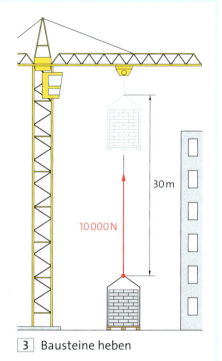

3 Bausteine heben

Material B

Wer arbeitet mehr?

Mirko und Miriam arbeiten eine Stunde im Supermarkt. Beide räumen Regale ein. → 4

1 ○ Schätze ab, wer von beiden mehr arbeitet.

2 ○ Rechne genau nach, wie viel jeder gearbeitet hat.

3 ◉ Jeder bekommt für die Arbeit 9 Euro. Ist das gerecht? Begründe deine Meinung.

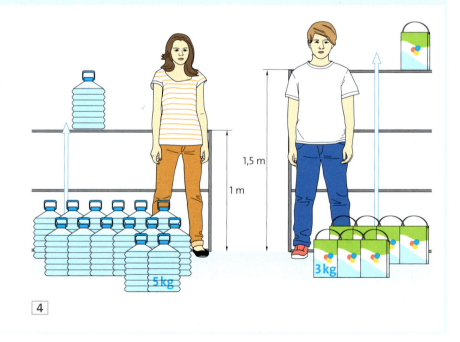

4

Material C

Der Arbeit auf der Spur

1 ○ Hier wird gearbeitet. → 5 – 10
a Gib an, ob jeweils Hubarbeit oder Beschleunigungsarbeit verrichtet wird.

b Gib jeweils an, in welche Richtung und über welchen Weg die Kraft wirkt.

2 Der Gabelstapler hebt eine Palette (200 kg) 4 m hoch. → 9
a ○ Berechne die Arbeit, die er verrichtet.

b ◐ Verrichtet der Stapler mehr Arbeit, wenn er zweimal eine Palette mit 100 kg auf 4 m hebt? Rechne nach.

3 ◐ Die Kugel wird mit einer Kraft von 100 N auf einem Weg von 1,5 m beschleunigt. Berechne die Arbeit. → 10

5

6

7

8

9

10

Material D

Arbeit berechnen

Materialliste: 4 gleiche Wägestücke, Maßband, Waage

Masse	Gewichtskraft	Höhe	Arbeit
? kg	? N	? m	? Nm

11 Hubarbeit

1 Bestimme die Masse und die Gewichtskraft eines Wägestücks. Hebe es auf 0,5 m, auf 1 m und auf 2 m an.
○ Berechne die verrichtete Arbeit und protokolliere die Werte in einer Tabelle. → 11

2 Wiederhole den Versuch mit der zweifachen und der vierfachen Anzahl von Wägestücken.

3 ◐ Vergleiche die Werte der Arbeit bei unterschiedlichen Höhen. Vervollständige die Regel in deinem Heft: „Die Arbeit bleibt gleich, wenn bei zweifacher (vierfacher) Gewichtskraft …"

Kleine Kraft – große Wirkung

Manchmal reicht die Kraft nicht. Dann helfen uns die richtigen Werkzeuge.

Materialien zur Erarbeitung: A–D

1 Mit dem richtigen Schlüssel geht es leichter.

Material A

Schraubenschlüssel

Materialliste: Schraubstock, dicke Metallschraube mit Mutter, passende Schraubenschlüssel mit verschiedener Länge, Eisenrohr

1 Spanne die Mutter fest in den Schraubstock ein. → 2
a Drehe die Schraube mit einem langen Schraubenschlüssel in der Mutter fest. Versuche, die Schraube mit einem kurzen Schraubenschlüssel zu lösen.
b Löse die Schraube wieder. Drehe sie dann mit dem kurzen Schraubenschlüssel fest und löse sie mit dem langen.
c ○ Vergleiche die beiden Versuchsergebnisse.

2 Verlängere den Schraubenschlüssel, indem du ihn in das Eisenrohr steckst. Wiederhole die Schritte 1a und 1b mit dem kurzen und dem superlangen Schlüssel.

3 ◐ Formuliere eine Regel: „Je länger der Schlüssel, desto …"

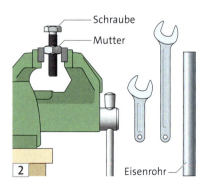

2

Material B

„Dosenöffner"

1 Mit dem Schraubendreher kann man den festsitzenden Deckel einer Farbdose öffnen. → 3
◐ Erkläre, wie das funktioniert.

2 Versuche es mit einem kurzen und einem langen Schraubendreher.
○ Beschreibe den Unterschied.

3

Material C

Untersuchung am Hebel

Materialliste: Stativ mit Drehachse und Lochstange, Wägestück, Kraftmesser

1. Hängt das Wägestück an der linken Seite der Lochstange ein.
   a. Zieht mit dem Kraftmesser an einer Stelle an der rechten Seite. Bringt den Hebel ins Gleichgewicht. → 4
   b. ○ Notiert in einer Wertetabelle: → 5
      - die Länge des Lastarms
      - die Länge des Kraftarms
      - die gemessene Kraft
   c. Wiederholt die Kraftmessung an einer anderen Stelle des Kraftarms.

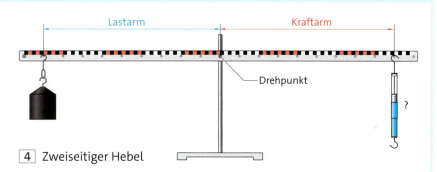

4 Zweiseitiger Hebel

Gewichtskraft am Lastarm	Länge des Lastarms	Länge des Kraftarms	Kraft am Kraftarm
? N	? m	? m	? N

5 Muster für die Wertetabelle

2. ○ Wertet die Messtabelle aus und formuliert eine Regel: „Je länger der Kraftarm, desto …"

3. ○ Wiederholt den Versuch mit längeren und kürzeren Lastarmen. Überprüft eure Regel.

4. ◐ Findet den Aufbau heraus, bei dem die geringste Kraft zum Heben des Wägestücks erforderlich ist.

Material D

Einseitiger Hebel

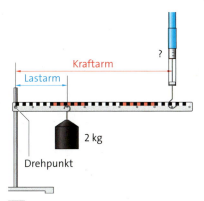

6 Einseitiger Hebel

Materialliste: Stativ mit Drehachse und Lochstange, Wägestück, Kraftmesser

1. Mit diesem Hebel könnt ihr ein Wägestück anheben und oben halten. → 6
   a. ◐ Untersucht, wie sich die Kraft zum Halten ändert:
      - wenn das Wägestück immer weiter außen hängt.
      - wenn der Kraftmesser immer weiter innen angreift.

   Notiert eure Messwerte in einer Tabelle.
   b. ○ Vervollständigt:
      - Je weiter außen das Wägestück hängt, desto …
      - Je weiter außen die Kraft angreift, desto …

2. ◐ Die Kraft zum Heben soll halb so groß sein wie die Gewichtskraft auf das Wägestück. Gebt verschiedene Möglichkeiten an.

Kleine Kraft – große Wirkung

1 Kräfte beim Hebel

Schränke anheben • Leon will einen schweren Schrank anheben. → 1 Die Kraft von 1000 N ist zu groß für ihn. Stattdessen setzt Leon eine lange
⁵ Eisenstange und einen Klotz als Hebel ein. Der Kraftarm ist 5-mal so lang wie der Lastarm. Dadurch braucht Leon nur ein Fünftel der Kraft zum Heben, also 200 N. Das schafft er locker.

¹⁰ **Muttern lösen** • Mit dem Schraubenschlüssel kannst du festsitzende Muttern lösen. Je länger der Kraftarm des Schraubenschlüssels ist, desto kleiner ist die Kraft, die du einsetzen musst.
¹⁵ → 2

> Je länger der Kraftarm und je kürzer der Lastarm eines Hebels ist, desto geringer ist die Kraft zum Heben.

Aufgaben

1 ○ Nenne die beiden Größen, von denen die Drehwirkung eines Schraubenschlüssels abhängt.

2 Du kannst eine festsitzende Mutter nicht mit deinem Schraubenschlüssel lösen.
a ○ Beschreibe, wie dir ein langes Eisenrohr helfen kann.
b ◐ Begründe dein Vorgehen.

3 ○ Der Kraftarm soll 10-mal länger sein als der Lastarm. Bestimme die Kraft, die Leon zum Heben aufbringen muss. → 1

4 ◐ Finde eine Methode ohne Klotz unter dem Hebel, um den Schrank mit wenig Kraft anzuheben. Fertige eine Skizze an und beschrifte Lastarm und Kraftarm.

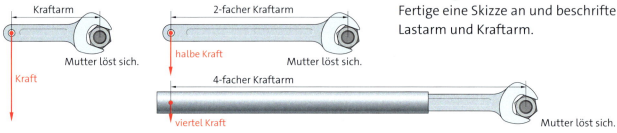

2 Kraft und Kraftarm beim Schraubenschlüssel

der einseitige Hebel
der zweiseitige Hebel
der Kraftarm
der Lastarm
der Drehpunkt

Material E

Hebel im Alltag

1 ⭕ Lies die Texte und sieh dir die Bilder an. → 3 – 5
Beschreibe, wie bei der Anwendung der verschiedenen Hebel Kraft gespart wird.

2 ⬤ Übertrage die Bilder in dein Heft. → 6 – 8
Zeichne bei den Werkzeugen den Kraftarm und den Lastarm ein.

3 ⬤ Fotografiere zu Hause viele Werkzeuge, die Hebel enthalten: Nussknacker, Gartenscheren, Kurbeln …
Drucke je ein Foto aus. Zeichne die Hebel in die Fotos ein: Drehpunkt, Kraftarm, Lastarm, Kräfte.
Stelle damit ein beschriftetes Poster zusammen.

„Winkelhebel"

Mit einem Nageleisen ziehst du Nägel leicht aus Brettern. Das Nageleisen ist ein Hebel. Kraft- und Lastarm bilden keine Linie, sondern einen Winkel.
3

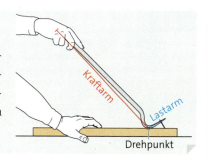

Zwei Hebel

Zangen und Scheren bestehen aus zwei Hebeln, die gegeneinandergedreht werden.
Die Handgriffe sind die Kraftarme und die Schneiden die Lastarme.
4

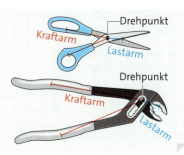

„Runde Hebel"

Wasserhähne muss man fest zuschrauben. Die Griffe wirken wie Hebel: Der äußere Radius ist der Kraftarm, der innere ist der Lastarm. Schraubendreher funktionieren nach dem gleichen Prinzip.
5

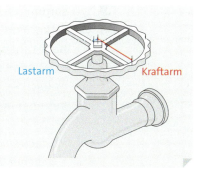

6 Der Nagel wird mit dem Hammer aus dem Brett gezogen.

7 Die Kette wird von der Tretkurbel angetrieben.

8 Der Nagel wird mit der Kneifzange durchtrennt.

Kraft und Weg

[1] Schieben oder heben?

Material zur Erarbeitung: A

Die Rampe ist viel länger als die Treppe. Dennoch kommt man mit dem Rollstuhl über die Rampe leichter hinauf.

Rampe • Der Rollstuhl wiegt zusammen mit der Rollstuhlfahrerin 60 kg. Es ist mühsam, ihn die Treppe hochzuheben. Man braucht dazu eine Kraft von 600 N. Mit der Rampe geht es leichter. Je länger die Rampe, desto geringer ist die Kraft zum Schieben: → [2]
- 2-facher Weg → halbe Kraft
- 4-facher Weg → ein Viertel der Kraft

Hebel • Auch mit Hebeln kannst du Kraft sparen. Eine Astschere hat sehr lange Griffe. Dadurch wird der Kraftweg sehr lang. → [3] Je länger der Kraftweg an einem Hebel ist, desto weniger Kraft ist aufzubringen. Bei Rampen und Hebeln „erkauft" man sich die geringere Kraft mit einem längeren Weg.

> Bei Rampen und Hebeln gilt die „Goldene Regel der Mechanik":
> Je geringer die Kraft ist, desto länger ist der Weg.
> Kraft mal Weg = Arbeit bleibt stets gleich groß. Man kann zwar die Kraft verringern, aber keine Arbeit einsparen.

Kraft	Weg	Kraft mal Weg
600 N	1 m	600 Nm
300 N	2 m	600 Nm
150 N	4 m	600 Nm

[2] Rampe: Kraft und Weg

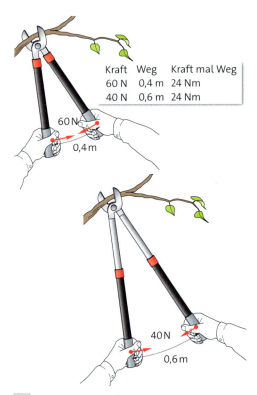

Kraft	Weg	Kraft mal Weg
60 N	0,4 m	24 Nm
40 N	0,6 m	24 Nm

[3] Astschere: Kraft und Weg

die Rampe
die Goldene Regel der Mechanik
die Serpentine

4 Gangschaltung

5 Serpentinenstraße

Kleine Kraft – gesunder Körper • Beim Heben schwerer Gegenstände helfen dir Hebel oder Rampen. Bevor du deinen Rücken oder deine Gelenke schädigst, solltest du diese Hilfsmittel einsetzen. Sie nutzen die Gesetze der Physik und ermöglichen es dir, deine Ziele mit weniger Kraft zu erreichen. Dabei schonst du deinen Körper, überanstrengst dich nicht und bleibst gesund.

Auch andere Hilfsmittel nutzen oft die Goldene Regel der Mechanik. Sie verlängern Wege, damit weniger Kraft gebraucht wird:
- Gangschaltung am Fahrrad: Im Berggang musst du häufiger die Pedale bewegen, um die gleiche Strecke zu fahren. Dafür brauchst du aber auch weniger Kraft. → 4
- Serpentinen sind Rampen: Das Befahren eines Berges ist im Zickzackkurs einfacher als auf direktem Weg. → 5

Durch den geringeren Krafteinsatz schonen Hebel und Rampen deinen Körper.

Aufgaben

1 ○ Nenne Hilfsmittel, die man zum Heben schwerer Gegenstände einsetzt.

2 ◐ Eine Schubkarre (60 kg) soll über eine 6 m lange Rampe auf eine Höhe von 1 m geschoben werden. Berechne die nötige Kraft.

3 ◐ Begründe, warum schweres Heben gesundheitsschädlich sein kann.

4 ◐ Erkläre mit der Goldenen Regel, warum das Heben mithilfe von Rampen so leicht ist.

5 ◐ Zum Heckenschneiden steht eine Schere mit 30 cm und eine mit 60 cm Armlänge zur Verfügung. Begründe deine Auswahl.

Kraft und Weg

Material A

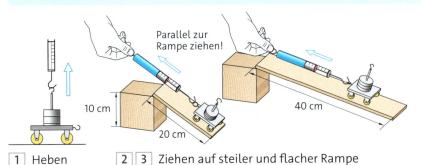

| 1 | Heben | | 2 3 | Ziehen auf steiler und flacher Rampe |

	Weg in m	Kraft in N	Arbeit in Nm
heben	0,10	?	?
ziehen	0,20	?	?
ziehen	0,40	?	?

4 Mustertabelle

Rampe: Weg und Kraft

Materialliste: Wagen, Wägestücke, Kraftmesser, Holzklotz (10 cm hoch), glatte Bretter (20 cm, 40 cm lang), Messband

1 ○ Hebe den Wagen auf verschiedene Weise um 10 cm an. → 1 – 3
a Miss jeweils die Kraft und notiere sie. → 4
b Ergänze: „Je länger der Weg, desto ◊ die Kraft."
c Berechne jeweils Kraft mal Weg = Arbeit. → 4
d Vergleiche deine Ergebnisse. Was fällt dir auf?

Material B

Serpentinen

1 Die Via Krupp auf der Mittelmeerinsel Capri ist etwa 1350 m lang. Sie schlängelt sich in acht Serpentinenschleifen hinunter zum Meer, das 100 m tiefer liegt. Ohne die Kurven wäre der Weg nur 350 m lang. → 5
◐ Erkläre, welchen Vorteil die Nutzung der 1000 m längeren Serpentinen bietet. Argumentiere mit der Goldenen Regel der Mechanik.

Material C

Welches Werkzeug?

1 ○ Gib an, welches Werkzeug du für welche Arbeit nutzt: → 6
a einen Draht zerschneiden
b aus einer dicken Pappe einen Kreis ausschneiden
c im Garten die Äste eines Busches kürzen

2 ◐ Begründe deine Auswahl.

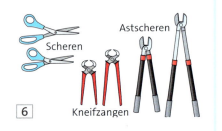

Material D

„Berggang"

1. Tim muss kräftig in die Pedale treten, er hat den „Schnellgang" gewählt. → 7 Fenja hat es viel leichter, denn sie hat den „Berggang" gewählt.
 🔵 Erkläre, warum die Kraft im Berggang kleiner ist als im Schnellgang.
 Tipp: Doppelte Pedalstrecke → ⬥ Kraft. → 8

7 „Du hast den falschen Gang drin!"

Schnellgang
Ein Umlauf der Tretkurbel ergibt eine Fahrstrecke von 8,6 m.
8,6 m

Berggang
Zwei Umläufe der Tretkurbel ergeben eine Fahrstrecke von 8,6 m.
4,3 m
Für die gleiche Fahrstrecke tritt man also die 2-fache Pedalstrecke.
4,3 m

8 Verschiedene Gänge – verschiedene Wege

Material E

Seilzug: Weg und Kraft

Materialliste: Wägestück, Kraftmesser, feste Rolle, lose Rolle, Flaschenzug (4 Rollen), Faden, Stativmaterial, Messstab

1 ⚪ Mit Rollen kann man Kraft sparen. Kombinierte Rollen ergeben einen Flaschenzug.
a Hebe das Wägestück auf verschiedene Weise um 10 cm an. → 9 – 11
b Miss jeweils die Zugkraft und notiere sie. → 12
c Ergänze in deinem Heft: „Je länger der Zugweg, desto ⬥ die Zugkraft."
d Berechne jeweils Kraft mal Weg = Arbeit. → 12
e Vergleiche die berechneten Werte. Was fällt dir auf?

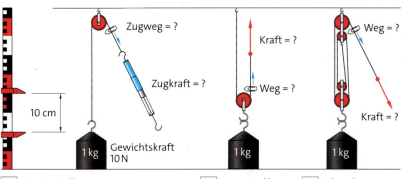

9 Feste Rolle
10 Lose Rolle
11 Flaschenzug

	Zug-weg	Zug-kraft	Ar-beit
Feste Rolle	? m	? N	? Nm
Lose Rolle	? m	? N	? Nm
Flaschen-zug	? m	? N	? Nm

12 Beispieltabelle

Kraft und Arbeit

Zusammenfassung

1 Wie Kräfte wirken

Kraftwirkung • Auf einen Gegenstand wirkt eine Kraft, wenn er schneller oder langsamer wird, wenn er umgelenkt oder verformt wird. → 1

Kräfte messen • Wir messen Kräfte über die Dehnung einer Schraubenfeder. → 2 Die Einheit der Kraft ist 1 Newton (1 N). Wir zeichnen Kräfte als Pfeile.

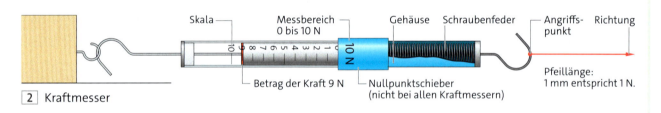

2 Kraftmesser

Masse und Gewichtskraft • Die Masse eines Gegenstands ist überall gleich groß. Die Gewichtskraft auf einen Gegenstand hängt vom Ort ab. → 3 4

Reibungskraft • Wenn Gegenstände gegeneinander verschoben werden, treten Reibungskräfte auf. → 5 6 Reibungskräfte haben große Bedeutung im Straßenverkehr.

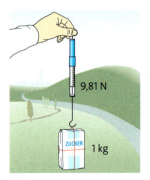

3 Auf der Erde

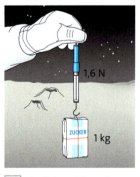

4 Auf dem Mond

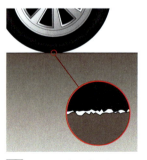

5 Raue Oberflächen verhaken sich.

6 Reibungskraft wird gemessen.

Arbeit • Wenn eine Kraft entlang eines Weges wirkt, wird Arbeit im physikalischen Sinn verrichtet. → 7 8
Arbeit = Kraft mal Weg
Die Einheiten der Arbeit sind 1 Newtonmeter (1 Nm) und 1 Joule (1 J).

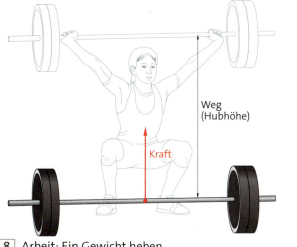

7 Arbeit: Schlitten ziehen

8 Arbeit: Ein Gewicht heben

Kleine Kraft – große Wirkung • Je länger der Kraftarm bei einem Hebel ist, desto geringer ist die erforderliche Kraft zum Drehen. → 9

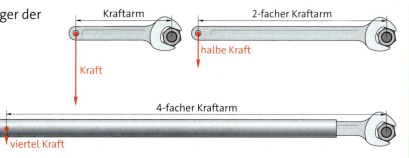

9 Doppelter Kraftarm – halbe Kraft, vierfacher Kraftarm – viertel Kraft

Kraft und Weg • Die Goldenen Regel der Mechanik lautet: Je länger der Weg, desto kleiner die Kraft. Die Arbeit bleibt stets gleich groß. → 10

Kraft	Weg	Kraft mal Weg
300 N	1 m	300 Nm
50 N	6 m	300 Nm

10 Rampe: Kraft und Weg

Kraft und Arbeit

Teste dich! (Lösungen auf S. 190 f.)

Kraftwirkung

1 ○ Gib an, welche Wirkungen eine Kraft haben kann. Beschreibe jeweils ein Beispiel.

Kräfte messen

2 ◐ Lies die Kräfte richtig ab. → 1

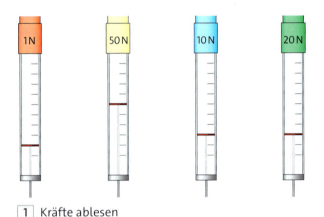

1 Kräfte ablesen

Masse und Gewichtskraft

3 ○ Bilde einen Je-desto-Satz mit den Begriffen: Himmelskörper, Gewichtskraft, Masse.

4 Sieh dir das Bild an. → 2
a ○ Nenne den Gegenstand, der auf der Erde mit einer Kraft von 10 N angezogen wird.
b ○ Gib den Gegenstand an, der auf dem Mond mit 10 N angezogen werden würde.
c ◐ Begründe jeweils deine Auswahl.

2 Verschiedene Gegenstände

Reibungskraft

5 ○ Nenne Teile an deinem Fahrrad, bei denen Reibung eine wichtige Rolle spielt.

6 ○ Nenne eine Sportart, bei der Reibung unerwünscht ist.

Die Arbeit

7 ◐ Frau Ayhan sagt: „Heute habe ich wirklich viel am Schreibtisch gearbeitet." Herr Huber antwortet: „Was soll ich denn sagen, ich habe vier volle Wäschekörbe aus dem Keller in die Wohnung geschleppt." → 3
Wer hat im physikalischen Sinn gearbeitet – Frau Ayhan oder Herr Huber? Begründe deine Meinung.

3 Physikalische Arbeit?

8 ◐ Im Getränkemarkt soll eine Palette Mineralwasser bewegt werden. Herr Schulze schiebt sie mit der Kraft von 250 N über 30 m durch die 4 m hohe Tür bis zum Standplatz.
a Berechne die Beschleunigungsarbeit, die von Herrn Schulze beim Transport verrichtet wird.
b Herr Schulze hebt dann noch zwei Kisten (je 17 kg) von der Palette in das 50 cm höhere Regal. Berechne die Arbeit, die er dabei verrichtet.

Kleine Kraft – große Wirkung

9 ○ Mit einer Kneifzange soll ein Nagel durchtrennt werden. Deine Kraft reicht dafür aber nicht aus. Beschreibe, wie du es trotzdem schaffst.

10 ◐ Nenne Fahrradteile mit Hebeln, mit denen du Kraft sparen kannst. Wähle aus: Dynamo, Parkstütze, Tretkurbel, Ventil, Lenker, Kette, Speiche, Schnellspanner, Bremsgriff. → 4

4 Fahrradteile

11 Hebel am Nussknacker → 5
 a ○ Übertrage das Bild in dein Heft. Beschrifte Drehpunkt, Lastarm und Kraftarm.
 b ◐ Wenn die Nuss weiter rechts liegt, wird es dann leichter oder schwerer? Begründe und nutze dazu die Begriffe aus Teil a.
 c ◐ Erkläre, wie der Nussknacker funktioniert.
 d ● Schätze ab, um wie viel die Kraft zum Knacken der Nüsse verringert wird.

5 Nussknacker

Kraft und Weg

12 ◐ „Die lange Astschere hat einen Vorteil und einen Nachteil." → 6 Erkläre diese Aussage.

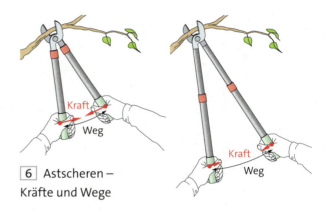

6 Astscheren – Kräfte und Wege

13 Der Arbeiter rollt ein schweres Fass eine lange Rampe hoch. → 7
 a ○ Gib an, welchen Vorteil die Rampe bringt.
 b ◐ Ergänze: „Die Kraft zum Heben des Fasses ist ◇ so groß wie die zum Hochrollen."
 c ◐ Berechne die beiden Kräfte.
 d ◐ Berechne die Arbeit, die verrichtet wird.

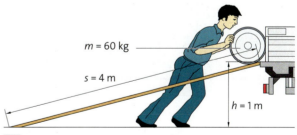

7 Mit der Rampe geht es leichter.

14 ◐ „Lass uns nicht den geschlängelten Wanderweg nehmen, sondern direkt zum Gipfel steigen!" – Nenne physikalische und nicht physikalische Gründe, die gegen diesen Vorschlag sprechen.

Bewegung

Den Smiley bekommen nur die Autofahrer zu sehen, die sich ans Tempolimit halten. Ihre Geschwindigkeit wird gemessen.

Tanja joggt gleichmäßig schnell. Ihr Hund läuft mal schneller und mal langsamer. Die Bewegungen der beiden unterscheiden sich. Ein Diagramm macht es sichtbar.

Plötzlich muss man heftig bremsen. Gut, dass das Auto nicht zu schnell und die Straße nicht nass war.

Die Geschwindigkeit

[1] Welche Geschwindigkeit kannst du auf dem Board erreichen?

Material zur Erarbeitung: A

Kati ist eine begeisterte Longboarderin. Ihr Freund Tom behauptet: „Ich bin mit meinem Skateboard schneller!"

Gleicher Weg – verschiedene Zeiten • Kati und Tom begeben sich auf den Schulhof und markieren eine Rennstrecke. Dann stoppen sie die Zeit, die jeder für den Weg benötigt.

Tom sagt zu Kati: „Ich habe 20 Sekunden gebraucht. Weil du für denselben Weg nur 16 Sekunden gebraucht hast, warst du schneller." → [2]

| Wer weniger Zeit für denselben Weg benötigt, ist schneller.

Gleiche Zeit – verschiedene Wege • Beide wollen es ganz genau wissen. Sie messen mit dem Maßband jeweils den Weg, der in 5 Sekunden zurücklegt wird. Kati sagt zu Tom: „Ich war schneller, weil ich in 5 Sekunden 25 Meter zurückgelegt habe. Du hast in derselben Zeit nur 20 Meter geschafft." → [3]

| Wer in derselben Zeit einen längeren Weg zurücklegt, ist schneller. Die Geschwindigkeit gibt den Weg an, der in einer bestimmten Zeit zurückgelegt wird.

[2] Kati braucht weniger Zeit für denselben Weg.

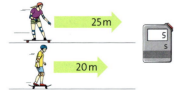

[3] Kati legt in derselben Zeit einen längeren Weg zurück.

Bewegung
Materie, Stoffe und Technik

die Geschwindigkeit

Geschwindigkeit berechnen • Leon geht auch in Katis Klasse. Er behauptet: „Ich schaffe mit meinem Skateboard die 60 Meter auf dem Sportplatz in 15 Sekunden." Hat Kati eine größere oder eine kleinere Geschwindigkeit als Leon?
Kati meint: „Lass uns berechnen, wie viele Meter jeder von uns in einer Sekunde schafft."
• Kati: In 5 s fuhr sie 25 m.
  In 1 s fuhr sie also 25 m : 5 = 5 m.
• Leon: In 15 s fuhr er 60 m.
  In 1 s fuhr er also 60 m : 15 = 4 m.
Kati hat eine größere Geschwindigkeit als Leon, weil sie mehr Meter in einer Sekunde zurückgelegt hat.

> Geschwindigkeit = Weg durch Zeit
> $v = s : t$ → 4
> Die Geschwindigkeit gibt man in Metern pro Sekunde ($\frac{m}{s}$) oder in Kilometern pro Stunde ($\frac{km}{h}$) an.

Kati legt in einer Zeit von 5 s einen Weg von 25 m zurück. Berechne Katis Geschwindigkeit.

Gegeben: Zeit $t = 5 s$
           Weg $s = 25 m$

Berechnung: $v = s : t$
            $v = 25 m : 5 s$
            $v = 5 \frac{m}{s}$

Katis Geschwindigkeit beträgt 5 Meter pro Sekunde.

4 Beispiel: Geschwindigkeit berechnen

Kilometer pro Stunde • Kati weiß, dass man vor der Schule nicht schneller als 30 Kilometer pro Stunde ($\frac{km}{h}$) fahren darf. → 5 Sie schafft mit dem Longboard 5 $\frac{m}{s}$. Wäre sie damit schneller, als die Polizei erlaubt?
Wer mit der Geschwindigkeit 1 $\frac{m}{s}$ unterwegs ist, legt in 1 min 60 m und in 1 h 3600 m zurück. → 6

Weg s	Zeit t
1 m	1 s
60 m	60 s = 1 min
3600 m = 3,6 km	3600 s = 60 min = 1 h

6 Umrechnung: Meter pro Sekunde in Kilometer pro Stunde

> $1 \frac{m}{s} = 3,6 \frac{km}{h}$

Mit einem einfachen Trick wandelt Kati den Zahlenwert der Geschwindigkeit in $\frac{m}{s}$ in den Zahlenwert der Geschwindigkeit in $\frac{km}{h}$ um. → 7

5 Geschwindigkeit 30 $\frac{km}{h}$

$5 \frac{m}{s} = 18 \frac{km}{h}$ (·3,6)

7 Kati fährt nicht zu schnell.

Aufgaben

1 ○ Ergänze die Aussagen im Heft:
a Je weiter ein Auto in 1 h kommt, desto ◇ ist seine Geschwindigkeit.
b Je weniger Zeit ein Auto für 10 km benötigt, desto ◇ ist seine Geschwindigkeit.

2 ◐ Max fährt 48 m in 8 s, Sara in 6 s.
a Gib an, wer schneller ist – ohne zu rechnen. Begründe deine Antwort.
b Berechne die Geschwindigkeiten in $\frac{m}{s}$ und $\frac{km}{h}$.

Die Geschwindigkeit

Material A

Wie schnell bist du?

Materialliste: Stoppuhr, Maßband, Smartphone-App, Tacho, Schrittzähler ...

1 🅾 Wie kannst du deine Geschwindigkeit als Fußgänger und als Radfahrer ermitteln?
Finde verschiedene Möglichkeiten und notiere sie.

Material B

Wie schnell ist ...?

Materialliste: Stoppuhren, Messband, Modellautos mit Antrieb, Fußball

1 Legt eine 10 m lange „Rennstrecke" fest.
a ⭘ Schätzt, wie lange die Modellautos für die Strecke benötigen. Notiert die Zeiten in Sekunden (s).
b 🅾 Messt, wie lange die Modellautos benötigen. Tipp: Oft drückt man die Stoppuhr nicht genau zur rechten Zeit. Messt die Zeit daher mit mehreren Stoppuhren und bildet dann den Mittelwert. → 2 So mitteln sich die Ungenauigkeiten meistens wieder heraus.
c 🅾 Berechnet und vergleicht die Geschwindigkeiten eurer Modellautos.

2 Wie schnell ist ein scharf geschossener Fußball?
🅾 Plant einen Versuch, um seine Geschwindigkeit zu bestimmen. Führt den Versuch nach Absprache mit eurer Lehrerin oder eurem Lehrer durch.

Drei Zeitnehmer haben Jans Modellauto gestoppt:
1,5 s ; 1,3 s ; 1,7 s.
Berechne den Mittelwert.

Rechnung:
$t_{mittel} = (1,5 s + 1,3 s + 1,7 s) : 3$
$t_{mittel} = 4,5 s : 3 = 1,5 s$

Der Mittelwert beträgt 1,5 s.

1 Funkgesteuertes Modellauto

2 Beispielrechnung: Mittelwert

Material C

Geschwindigkeitskontrolle

Vor der Schule ist gemessen worden, wie viel Zeit ein vorbeifahrendes Auto für einen bestimmten Weg braucht.
→ 3

Auto	A	B	C
Weg s	50 m	50 m	100 m
Zeit t	3 s	4 s	13 s
Geschwindigkeit v	? $\frac{m}{s}$	? $\frac{m}{s}$	? $\frac{m}{s}$
	? $\frac{km}{h}$	? $\frac{km}{h}$	? $\frac{km}{h}$

3 Autos mit verschiedenen Geschwindigkeiten?

1 ⭘ Wer war schneller: das Auto A oder das Auto B? Gib es an, ohne zu rechnen. Begründe deine Antwort.

2 🅾 Wer war schneller: das Auto B oder das Auto C? Beantworte die Frage, ohne die Geschwindigkeiten zu berechnen. Begründe deine Antwort.

3 🅾 Übertrage die Tabelle ins Heft.
Berechne für jedes Auto die Geschwindigkeit.

166 | Bewegung
Materie, Stoffe und Technik

Erweitern

Der Fahrradtacho

Wie schnell fahre ich? • Der Tachometer (kurz: Tacho) zeigt in jedem Moment die Geschwindigkeit an. → [4] Er ist ein kleiner Computer. So wird die Geschwindigkeit gemessen:
⁵ An einer Speiche des Vorderrads ist ein Magnet befestigt. → [5] An der Vordergabel sitzt ein Magnetsensor. Bei jeder Drehung des Vorderrads kommt der Magnet einmal am Magnetsensor vorbei. Dann fließt kurzzeitig elektri-
¹⁰ scher Strom. Ein elektrisches Signal wird an den Tacho gesendet.
Das Fahrrad legt zwischen zwei Signalen einen Weg zurück, der dem Umfang des Reifens entspricht. Der Tacho „kennt" diesen Umfang und
¹⁵ misst die Zeit zwischen zwei Signalen. Aus dem Umfang und der gemessenen Zeit berechnet der Tacho die Geschwindigkeit.

Aufgaben

1 ◐ Der Tacho muss den Reifenumfang „kennen". Bestimme dazu, wie weit das Fahrrad mit einer Radumdrehung fährt. Beschreibe, wie du vorgehst.

2 Ein Modellversuch zeigt, wie der Tacho funktioniert. → [6]
a ○ Drehe das Rad. Zähle die Signale in 10 s.
b ◐ Berechne den Weg, den das Fahrrad nach 10 s zurückgelegt hätte.
c ◐ Berechne die Geschwindigkeit.

3 ● Misst dein Tacho die richtige Geschwindigkeit? Überlege dir einen Versuch, um die Messung zu überpüfen.

[4] Tacho am Fahrrad

[5] Magnet und Magnetsensor

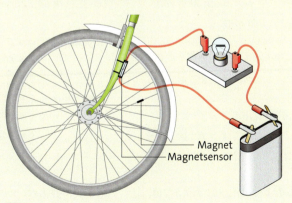

[6] Modellversuch zum Tacho

Mit Geschwindigkeiten rechnen

[1] Wann geht es los?

Yannick und Lisa sind mit ihren Fahrrädern zum Badesee gefahren. Wann müssen sie spätestens aufbrechen, um pünktlich daheim zu sein?

Zeit berechnen • Die Formel $v = s : t$ kannst du mit einem Hilfsdreieck umstellen. → [2]
Dazu deckst du die gesuchte Zeit t ab. Die Formel $t = s : v$ wird angezeigt. Nun kannst du die Werte für die Geschwindigkeit und den Weg in die umgestellte Formel einsetzen. → [3]

| Zeit = Weg durch Geschwindigkeit
| $t = s : v$

Weg berechnen • Auch den Weg kannst du berechnen. Stelle mit dem Hilfsdreieck die Formel nach dem Weg um. → [4] Du erhältst: $s = v \cdot t$
Nun kannst du die Werte für die Geschwindigkeit und die Zeit in die umgestellte Formel einsetzen. → [5]

| Weg = Geschwindigkeit mal Zeit
| $s = v \cdot t$

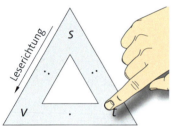

[2] $t = s : v$

[4] $s = v \cdot t$

Berechne die Zeit, die Kati bei $5 \frac{m}{s}$ für einen Weg von 200 m braucht.

Gegeben: $v = 5 \frac{m}{s}$
$s = 200\,m$

Berechnung: $t = s : v$
$t = 200\,m : 5 \frac{m}{s}$
$t = 40\,s$

Kati braucht 40 s für 200 m.

[3] Beispiel: Zeit berechnen

Berechne den Weg, den Kati bei $5 \frac{m}{s}$ in 60 s zurücklegt.

Gegeben: $v = 5 \frac{m}{s}$
$t = 60\,s$

Berechnung: $s = v \cdot t$
$s = 5 \frac{m}{s} \cdot 60\,s$
$s = 300\,m$

In 60 s legt Kati 300 m zurück.

[5] Beispiel: Weg berechnen

Aufgabe

1 Fahrtzeit berechnen
a Berechne, wann Yannick und Lisa spätestens starten müssen. → [1]
b Yannick und Lisa machen einen kleinen Umweg von 2,5 km an der Eisdiele vorbei. Berechne, um wie viele Minuten sich die Fahrtzeit verlängert.

Material A

Rechnen mit Geschwindigkeiten

Berechne mithilfe der Angaben in Tabellen und Fotos.
→ 6 – 13
Tipp: Achte jeweils auf die Größenangaben.

1 ○ Wie weit geht ein Fußgänger in 1 h?

2 ○ Wie weit fährt ein Radler in 8 h mit dem Fahrrad?

3 ◐ Wer ist schneller: ein Auto auf der Landstraße oder ein Gepard?

4 ◐ Wie viele Minuten benötigt eine Schnecke für 1 m?

5 ◐ Wie lange benötigt der Schall für 1 km?

6 Licht ist von der Sonne zur Erde 500 s lang unterwegs.
a ○ Wie viele Minuten braucht das Licht von der Sonne zu uns?
b ◐ Vergleiche damit, wie lange das Licht vom Mond zur Erde benötigt (Entfernung: rund 400 000 km).

7 ◐ Rechne um, wie viele Kilometer der Mond in einer Stunde zurücklegt.

Geschwindigkeiten in der Natur	
mäßiger Wind (Windstärke 4)	$7 \frac{m}{s}$
Rennpferd	$25 \frac{m}{s}$
Falke	$28 \frac{m}{s}$
Orkan (Windstärke 12)	$60 \frac{m}{s}$
Schall in Luft	$340 \frac{m}{s}$
Erde um die Sonne	$30 \frac{km}{s}$
Licht	$300\,000 \frac{km}{s}$

6

Geschwindigkeiten im Alltag	
Fußgänger	$5 \frac{km}{h}$
Radfahrer	$15 \frac{km}{h}$
Mofa	$25 \frac{km}{h}$
Auto (im Ort)	$50 \frac{km}{h}$
Auto (Landstraße)	$100 \frac{km}{h}$
Regionalexpress	$160 \frac{km}{h}$
Düsenverkehrsflugzeug	$950 \frac{km}{h}$

7

8 Schnecke: $5 \frac{mm}{s}$

9 Gepard: $34 \frac{m}{s}$

10 Fußball: bis zu $130 \frac{km}{h}$

11 Mond umkreist Erde: $1 \frac{km}{s}$

12 Rennwagen: bis zu $360 \frac{km}{h}$

13 ICE: bis zu $350 \frac{km}{h}$

Verschiedene Bewegungen

1 Gleiches Ziel – verschiedene Bewegungen

Material zur Erarbeitung: A

Paula und Konstantin besuchen die gleiche Schule. Morgens fahren sie gleichzeitig los: Paula mit dem Fahrrad, Konstantin mit dem Bus. Trotzdem kommt Paula kaum später an.

Gleichförmige Bewegung • Paula fährt mit gleichbleibender Geschwindigkeit auf ihrem Rad: Ihre Bewegung ist gleichförmig.
Sie radelt in einer Minute ca. 0,25 km weit, in zwei Minuten 0,50 km, in drei Minuten 0,75 km … → 2 Es gilt:
• zweifache Zeit → zweifacher Weg
• dreifache Zeit → dreifacher Weg

> Bei einer gleichförmigen Bewegung bleibt die Geschwindigkeit gleich.

Gas geben und bremsen • Viele Bewegungen sind nicht gleichförmig. Die Geschwindigkeit des Busses ändert sich häufig. Erst fährt der Bus langsam, danach hält er an der Ampel. Er fährt nach einer Pause weiter und hält wieder an. Nach der ersten Haltestelle ist er dann schneller unterwegs.
Jeder Änderung der Geschwindigkeit wird durch eine Kraft auf den Bus bewirkt:
• Der Bus wird stärker angetrieben. Er wird beschleunigt.
• Beim Bremsen wirkt eine Kraft, die den Bus verzögert.
Auch beim Lenken wirkt eine Kraft auf den Bus und verursacht eine Richtungsänderung.

> Wenn ein Gegenstand schneller wird, sprechen wir von Beschleunigung (positiver Beschleunigung). Wenn ein Gegenstand langsamer wird, sprechen wir von Verzögerung (negativer Beschleunigung).

2 Zweifacher Weg – zweifache Zeit, dreifacher Weg …

die **gleichförmige Bewegung**
die **Beschleunigung**
die **Verzögerung**
das **Weg-Zeit-Diagramm**

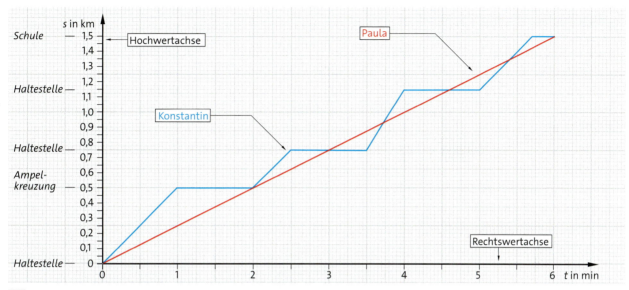

3 Der Schulweg von Paula und Konstantin im Weg-Zeit-Diagramm (stark vereinfacht)

Weg-Zeit-Diagramm • Bewegungen kann man aufzeichnen. Im Weg-Zeit-Diagramm (s-t-Diagramm) werden die zurückgelegten Wege an der Hochwertachse und die Zeiten auf der Rechtswertachse abgetragen. → 3
Wenn die Werte für Weg und Zeit eine Gerade durch den Ursprung ergeben, liegt eine gleichförmige Bewegung vor – wie bei Paulas Fahrt mit dem Rad. Je steiler die Gerade ist, desto mehr Weg wird pro Zeit zurückgelegt: Desto schneller ist die Bewegung.
Konstantins Busfahrt ergibt im Diagramm keine Gerade. Jeder „Knick" zeigt eine Änderung der Geschwindigkeit an. Waagerechte Abschnitte stellen Standzeiten dar.

> Wege und Zeiten einer gleichförmigen Bewegung liegen im Diagramm auf einer Geraden durch den Ursprung.

Aufgaben

1 ○ Gib die Wirkungen an, die eine Kraft auf einen bewegten Gegenstand haben kann.

2 ○ Ergänze die Sätze in deinem Heft mit „beschleunigt" oder „verzögert":
• „Wenn ein Läufer schneller wird, ◊ er."
• „Wenn ein Auto bremst, ◊ es."

3 Weg-Zeit-Diagramm → 3
a ○ Gib an, wie Änderungen der Geschwindigkeit im Diagramm sichtbar werden.
b ○ Gib die Zeiträume an, in denen der Bus schneller ist als die Radlerin.
c ○ Gib die Zeiträume an, in denen der Bus steht.
d ◐ Die blaue und die rote Linie schneiden bzw. berühren sich mehrfach. Erkläre, was passiert.

Verschiedene Bewegungen

Material A

Beschleunigen oder verzögern?

1 Dachrinne

Materialliste: Föhn, Regenrinne, Modellauto

1 Lass das Modellauto von der Rinne rollen. Blase mit dem Föhn dagegen, um es anzuhalten. → 1

a ○ Beschreibe deine Beobachtungen.
b ◐ Versuche, mit dem Föhn das Auto zu beschleunigen und zu lenken.
c ○ Beschreibe, wie du dazu vorgegangen bist.

Material B

Gleichförmige Bewegungen?

1 ◐ Gib an, welche Bewegungen gleichförmig sind. → 2 – 5 Begründe jeweils.

2 ◐ Viele der gezeigten Bewegungen verlaufen jedoch nicht immer gleichförmig. Erkläre.

2

3

4

5

Material C

Bewegung im Diagramm

1 Das Diagramm zeigt die Fahrten von drei Autos. → 6

a ○ Gib an, welche Autos sich gleichförmig bewegen. Begründe jeweils.
b ○ Die Autos mit den gleichförmigen Bewegungen fahren unterschiedlich schnell. Gib an, welches Auto schneller fährt. Begründe deine Antwort.
c ◐ Gib die richtige Beschreibung an und begründe:
• Auto 2 fährt erst schneller und dann langsamer.
• Auto 2 fährt erst langsamer und dann schneller.

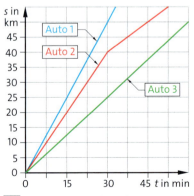
6 Bewegungen im Diagramm

Material D

„Wagenrennen"

1 Das Diagramm zeigt die Fahrt von zwei Wagen. → 7 Beantworte die Fragen mithilfe des Diagramms:
a ○ Wie weit fahren die Wagen in 1,5 s; 3,0 s; 4,5 s; 6,0 s?
b ○ Wie lange brauchen die Wagen für 20 m, 50 m, 70 m?
c ● Welcher Wagen ist schneller? Begründe deine Antwort.

2 ◐ Bestimme die Geschwindigkeit beider Wagen.

7 Bewegung vergleichen

Material E

Radfahren

1 Anna, Ben und Can fahren mit dem Rad dieselbe Strecke. In 20-m-Abständen wurde die Zeit gemessen. → 8

Weg in m	Zeit in s		
	Anna	Ben	Can
0	0,0	0,0	0,0
20	4,8	3,6	10,0
40	9,6	7,2	14,1
60	14,4	10,8	17,3
80	19,2	14,4	20,0
100	24,0	18,0	22,4

8 Messwerte

a ◐ Stelle die drei Bewegungen in einem Diagramm dar.
b ○ Gib an, welche Bewegungen gleichförmig sind.
c ◐ Erkläre, woran du eine gleichförmige Bewegung im Diagramm erkennst.

Material F

Spannendes Rennen

1 ○ Sila kommentiert das 1000-m-Rennen fürs Schulradio. → 9 Ordne die Kurven im Diagramm Max und Finn zu. → 10

2 ◐ Erkläre, wie du in einem Diagramm zeigen kannst, dass
a ein Gegenstand abbremst,
b ein Gegenstand steht.

Auf den ersten 400 Metern laufen Max und Finn Kopf an Kopf. Doch was ist das? Max bleibt stehen und bindet sich die Schuhe zu! Finn ist schon bei 600 Metern – da erst rast Max wieder los. Bei 900 Metern holt er Finn ein. Gleichauf kommen beide nach 3 Minuten und 20 Sekunden ins Ziel. Schade – Max hätte seine Schuhe besser zubinden sollen!

9

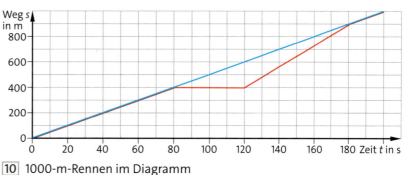

10 1000-m-Rennen im Diagramm

Reagieren und bremsen

1 Rechtzeitiges Anhalten kann Leben retten!

Materialien zur Erarbeitung: A–B

Ein Kind rennt auf die Straße. Was geschieht bis zum Stillstand des Autos?

Anhalteweg • Der Autofahrer braucht einen Moment zum Reagieren und
5 bremst dann ab. Der Weg bis zum Anhalten besteht aus zwei Abschnitten:

| Anhalteweg =
| Reaktionsweg plus Bremsweg

Reaktionsweg • Das Auto fährt während der Reaktionszeit einige Meter
10 ungebremst mit $30\,\frac{km}{h}$ weiter (gleichförmige Bewegung). → 2

| Der Reaktionsweg ist umso länger:
| • je länger die Reaktionszeit ist,
| • je größer die Geschwindigkeit ist.

Bremsweg • Dann bremst der Autofahrer. Der Bremsweg ist abhängig von der Bremskraft, der Masse des Autos und den Reifen. Ganz besonders wichtig
20 sind die Geschwindigkeit und die Beschaffenheit der Fahrbahn. → 3

Geschwindigkeit	Bremsweg
$25\,\frac{km}{h}$	3,2 m (trocken)
$50\,\frac{km}{h}$	12,8 m (trocken)
$100\,\frac{km}{h}$	51,2 m (trocken) 64,3 m (nass) 128,6 m (Schnee) 192,8 m (Eis)

3 Bremswege eines Autos

| Der Bremsweg nimmt viel schneller
| zu als die Geschwindigkeit:
| zweifache Geschwindigkeit →
| vierfacher Bremsweg!
| Auch die Beschaffenheit der Fahrbahn beeinflusst den Bremsweg.

Aufgaben

1 ○ Gib jeweils an, wie sich Reaktionsweg und Bremsweg ändern: zweifache Geschwindigkeit → ◇

2 ○ Gib den Bremsweg bei $200\,\frac{km}{h}$ auf der nassen Autobahn an. → 3

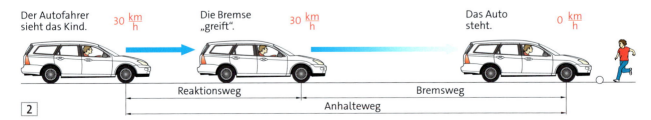

2

der Anhalteweg
der Reaktionsweg
der Bremsweg

Material A

Wer reagiert am schnellsten?

Materialliste: Leiste mit Markierungen → 4

1. Dein Versuchspartner hält die Leiste hoch. Wenn er sie fallen lässt, musst du schnell zufassen.
Lest die Reaktionszeit an der Oberkante der Hand auf der Leiste ab.

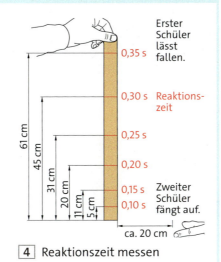

4 Reaktionszeit messen

Material B

Bremsweg messen

Materialliste: Fahrrad mit Tacho, Messband, Fahrradhelm

1. 🔵 Steckt eine lange gerade Strecke auf dem Schulhof ab. Etwa 30 m vor dem Ende der Strecke zieht ihr eine Linie. → 5
Einer von euch fährt auf dem Fahrrad mit 5 $\frac{km}{h}$ (10, 15) bis zur Linie. Dann bremst er immer gleich stark ab.

Achtung • Nur mit dem Hinterrad bremsen!

a Messt den Bremsweg jeweils dreimal. Bildet den Mittelwert. Notiert ihn.
b Übertragt die Ergebnisse in ein Diagramm: Bremsweg in Abhängigkeit von der Geschwindigkeit.
c Stellt eine Regel auf:
• 2-fache Geschwindigkeit → ◇-facher Bremsweg
• 3-fache Geschwindigkeit → ◇-facher Bremsweg

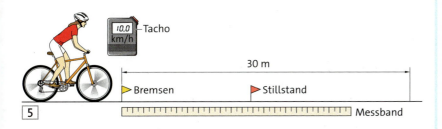

5

Material C

Anhalteweg

1. 🔵 Berechne mit der Faustformel den Anhalteweg auf trockener Straße für 30 $\frac{km}{h}$ (50 $\frac{km}{h}$; 100 $\frac{km}{h}$). → 6

Reaktionsweg für v = 80 $\frac{km}{h}$
Reaktionsweg = (Tachoanzeige durch 10) mal 3
Reaktionsweg = (80 : 10) · 3
Reaktionsweg (in m) = 24 m

Bremsweg für v = 80 $\frac{km}{h}$
Bremsweg = (Tachoanzeige durch 10) mal (Tachoanzeige durch 10)
Bremsweg = (80 : 10) · (80 : 10) = 64
Bremsweg (in m) = 64 m

Anhalteweg = Reaktionsweg plus Bremsweg = 88 m
6

2. Viele Umstände verlängern den Anhalteweg: Müdigkeit, Nässe, abgefahrene Reifen, Alkohol, Kopfsteinpflaster, abgenutzte Bremsbeläge, hohe Geschwindigkeit.
a 🔵 Gib an, welche Umstände Auswirkungen haben:
• auf den Reaktionsweg
• auf den Bremsweg
b ⚫ Beurteile, auf welche Umstände die Fahrerin oder der Fahrer Einfluss haben.

Vorsicht beim Bremsen und Kurvenfahren

Wenn du dich im Bus nicht festhältst, kommst du ganz schön ins Schlingern.

Materialien zur Erarbeitung: A–E

1 Festhalten, sonst wird es schmerzhaft!

Material A

Die eigensinnige Kugel

Materialliste: Brett (weiches Holz, 10 cm × 20 cm), Faden, Haken, Stahlkugel, Hammer

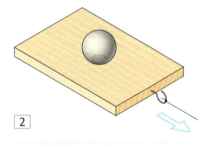

2

Lege die Kugel auf das Brett. Schlage mit dem Hammer leicht auf die Kugel, sodass eine Mulde im Brett entsteht.

1 Ziehe das Brett mit der Kugel auf verschiedene Weisen: → 2
- langsam und gleichmäßig geradeaus
- schnell und ruckartig geradeaus
- erst langsam, dann etwas schneller und dann plötzlich abstoppen
- erst langsam, dann schneller und dann plötzlich um die Kurve

Sage immer erst voraus, wie sich die Kugel bewegt. Ziehe dann und beobachte.

2 ○ Beschreibe deine Beobachtungen.

Material B

Papier abreißen

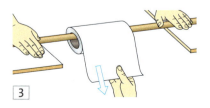

3

Materialliste: Küchenpapier, Vorrichtung zum Aufhängen (Besen und Tische)

1 Der Besenstil wird durch die Rolle geschoben und gut festgehalten. → 3

a Versucht, einhändig etwas Papier abzureißen. Dabei dürft ihr die Rolle nicht festhalten.

b ○ Beschreibt, wie es gelingt.

Bewegung
Materie, Stoffe und Technik

Material C

Umfallen verboten!

Materialliste: Batterie oder Textmarker, Blatt Papier

1 Stelle den Gegenstand aufrecht auf den Rand des Papiers. → 4

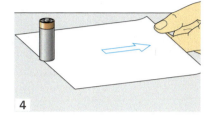

4

2 Ziehe das Papier dann weg, ohne dass der Gegenstand umfällt. Du darfst ihn dabei nicht festhalten.

3 ○ Beschreibe, wie du vorgegangen bist.

Material D

Der träge Turm

Materialliste: 20 gleiche Münzen (1 Euro oder 50 Cent), dünnes Lineal, glatte Tischplatte

1 Staple die Münzen auf dem Tisch zu einem Turm. → 5
a ○ Baue den Turm Münze für Münze mit dem Lineal ab – ohne ihn anzufassen! Beschreibe deine Beobachtung.
b 🜂 Vermute, warum sich die Trägheit des Turms verändert.

5

Material E

Schwere Matten

Materialliste: Mattenwagen, Turnhalle, mehrere Matten, Markierungshütchen, Smartphone

Achtung • Seid vorsichtig und fahrt nicht zu schnell! Haltet die „Rennstrecke" frei!

1 Markiert in der Turnhalle mit den Hütchen einen kurvigen Kurs.
a Zieht den leeren Mattenwagen durch den Kurs.
b Versucht es nun mit dem vollen Mattenwagen.
c Ihr könnt auch Videos vom leeren und vom vollen Wagen an der gleichen Stelle aufnehmen.

2 ○ Verhält sich der volle Mattenwagen anders als der leere? Beschreibt eure Erfahrungen vor allem beim Anfahren, beim Bremsen und beim Kurvenfahren. Vergleicht auch die Videoaufnahmen.

6

Vorsicht beim Bremsen und Kurvenfahren

1 Der Bus beschleunigt.

2 Der Bus bremst.

Gegenstände sind träge • Laura steht im Bus und hält sich fest. Der Bus übt beim Beschleunigen über die Haltestange Kräfte auf sie aus – sie spürt es in ihren Armen. Dadurch kann sie alle Bewegungsänderungen ausgleichen. → 1

Stefan steht im selben Bus. Er hält sich aber nicht fest:

- Der Bus fährt ruckartig an. → 1 Auf Stefan wirkt die Kraft nicht, mit der der Bus anfährt. Anders als Laura wird er nicht mitbeschleunigt. Daher fällt er im Bus nach hinten.
- Der Bus fährt plötzlich nach links. Stefan bewegt sich geradeaus weiter. Seine Bewegungsrichtung ändert sich nicht, weil keine Kraft auf ihn wirkt.
- Der Bus bremst heftig. → 2 Stefan wird aber nicht langsamer. Er bewegt sich gleich schnell weiter, weil keine Kraft auf ihn wirkt. Er fällt im Bus nach vorne.

> Jeder Gegenstand ist träge. Er bleibt in Ruhe oder bewegt sich geradeaus mit unveränderter Geschwindigkeit weiter – solange keine Kraft auf ihn einwirkt.

Trägheit und Masse • Du brauchst eine große Kraft, um den schweren Mattenwagen in Bewegung zu setzen. → 3 Viel leichter lässt sich der leere Mattenwagen anschieben.

> Je größer die Masse eines Gegenstands ist, desto träger ist er.

3

Aufgaben

1 ○ Laura steht im Bus und hält sich fest. Beschreibe, in welchen Situationen das wichtig ist.

2 ◐ Gib an, was träger ist: ein voller Einkaufswagen oder ein leerer. Erläutere dies an einem Beispiel.

3 ● Wie bewegen sich Stefan und Laura, wenn der Bus plötzlich nach rechts fährt? Skizziere es.

die Trägheit

Material F

Crashtests retten Leben

Crashtests tragen dazu bei, Vorrichtungen zum Schutz von Menschen zu entwickeln. → 4

1 ○ Lies dir die Texte durch.
a Finde Überschriften für die Texte.
b Beschreibe, wie die Vorrichtungen schützen.

2 Frau Meiers Hund fährt im Auto auf dem Rücksitz mit.
a ◐ Erkläre, warum das gefährlich ist.
b ● Mache Vorschläge für einen sicheren Transport.

Ungesichertes Gepäck trifft bei einem Unfall mit dem Vielfachen seiner Gewichtskraft auf die angeschnallten Insassen. → 5 Aus einem Koffer wird so ein tödliches Geschoss. Ein Gepäcknetz bremst die Gepäckstücke wirksam ab.

Beim Unfall wird der Airbag blitzschnell aufgeblasen. → 6 Der Airbag bremst den Kopf ab, bevor er auf das Lenkrad trifft. Die Verletzungsgefahr sinkt. Der Kopf wird von Nackenmuskeln gehalten. Der Airbag verhindert, dass sie überdehnt werden.

Wer nicht angeschnallt ist, wird schon bei einem Aufprall mit geringer Geschwindigkeit gegen die Frontscheibe geschleudert. → 7 Es besteht die Gefahr schwerster Verletzungen. Über den Sicherheitsgurt bremsen die Kräfte des Autos den Körper ab.

Fährt ein Auto von hinten auf, wird der Körper nach vorne geschleudert. Ohne Nackenstütze bleibt der Kopf aufgrund der Trägheit zurück. → 8 Die Halsmuskeln werden überdehnt, das Genick kann brechen. Mit Nackenstütze werden Kopf und Körper gemeinsam beschleunigt.

Gefahren vermeiden im Straßenverkehr

1 Wer hat recht?

Materialien zur Erarbeitung: A–D

Helme helfen, die Verletzungsgefahr bei einem Aufprall zu mindern. Welche Gefahren bestehen noch?

Augen und Ohren auf! • Im Straßenverkehr musst du bei Gefahr schnell reagieren können. Deshalb sollst du stets aufmerksam sein. Wenn du dich von Musik oder deinem Handy ablenken lässt, lebst du gefährlich. → 2

Sehen und gesehen werden • Auch wenn du aufmerksam bist: Nur bei guter Sicht kannst du schnell reagieren. Eine tief stehende Sonne, Dunkelheit, Regen, Nebel sowie unübersichtliche Verkehrssituationen können die Sicht auf wenige Meter verkürzen. Wer vorausschauend fährt, gute Sicht hat und sich selbst gut sichtbar macht, vermindert Gefahren für sich und andere.

Trägheit und Bremsweg • Der Bremsweg hängt von der Geschwindigkeit und vom Zustand der Fahrbahn ab. Nässe und Eis verlängern den Bremsweg eines Fahrzeugs im Vergleich zur trockenen Straße um das Vielfache.

2 Aufpassen!

Wenn auf einen Körper keine Kraft wirkt, bewegt er sich einfach weiter. Wer bei Glätte heftig bremst oder in die Kurve geht, rutscht weg und stürzt. Die Reibung mit der Straße ist zu gering. Es kann keine Kraft angreifen, um das Rad zu verzögern oder zu lenken. Wer vorausschauend fährt und seine Geschwindigkeit den Verhältnissen anpasst, mindert die Gefahren.

Einem harten Aufprall vorbeugen • Ein ungeschützter Kopf „fliegt" bei einem Unfall weiter, bis er auf ein Hindernis trifft. Je härter das Hindernis und je größer die Geschwindigkeit, desto größer ist die Kraft auf den Kopf. Im Fahrradhelm ist eine dicke Schaumstoffschicht. Sie bremst beim Unfall den Kopf etwas ab, wenn er auf das Hindernis prallt. Die Kraft auf den Kopf und damit die Verletzungsgefahr wird verringert.

> Unaufmerksamkeit und schlechte Sicht- und Straßenverhältnisse können Gefahren hervorrufen. Wer sein Verhalten der Situation anpasst, mindert die Gefahr.
> Ein Helm senkt die Gefahr schwerer Kopfverletzungen.

Aufgabe

1 Du fährst mit dem Rad an einem nassen Herbstmorgen zur Schule.
a ○ Beschreibe Gefahren im Straßenverkehr und wie du sie vermeidest.
b ◐ Begründe deine Maßnahmen.

der Schutzhelm

Material A

Der Schutzhelmtest

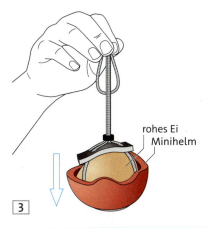

3 rohes Ei Minihelm

Materialliste: nicht zu großes rohes Ei (Raumtemperatur), „Eiertesthelm" aus dem Handel, Schüssel

1 Stellt die Schüssel auf den Boden.
a Befestigt das Ei im Helm und zieht die Bänder gleichmäßig fest. → 3
b Haltet den Helm mit dem Ei etwa 1 m über die Schüssel. Die Oberseite des Helms zeigt nach unten. Lasst dann das Ei fallen.
c Wiederholt den Versuch ohne den Helm.
d ○ Beschreibt jeweils eure Beobachtungen.
e ◐ Findet eine Erklärung.

2 Melanie sagt: „Fahrradhelme stören nur."
◐ Sammelt Argumente für und gegen Fahrradhelme und bewertet die Aussage.

Material B

Gefährliche Trägheit

Jeder Körper bewegt sich mit unveränderter Geschwindigkeit weiter, wenn auf ihn keine Kraft wirkt.

1 Lies den Text. → 4
a ○ Gib an, wobei die Trägheit bei diesem Unfall eine Rolle gespielt hat.
b ◐ Erkläre jeweils, wie sich die Trägheit ausgewirkt hat.
c ◐ Erkläre, wie der Unfall hätte verhindert werden können.

Tod in der Kurve

Auf der Heimfahrt von der Disco kam am frühen Sonntagmorgen ein 19-jähriger Mann ums Leben. Ein 21-jähriger Mann und eine 22-jährige Frau wurden schwer verletzt. Die beiden verletzten Personen wurden ins Krankenhaus gebracht. Sie schweben mittlerweile nicht mehr in Lebensgefahr.
Der schreckliche Unfall ereignete sich in einer Kurve der Ausfahrt von der A 9. Das von der Frau gelenkte Fahrzeug rutschte aus der Kurve und prallte gegen die Leitplanke. Als Unfallursache gibt die Polizei überhöhte und unangepasste Geschwindigkeit an. Die Straße war vereist. In der Kurve gilt zudem eine Geschwindigkeitsbegrenzung auf 40 Kilometer pro Stunde. Der Wagen war vermutlich mehr als doppelt so schnell unterwegs.
Der 19-jährige Mann saß auf der Rückbank. Er hatte sich als einziger Fahrzeuginsasse nicht angeschnallt. Der Berufsschüler wurde beim Aufprall mit großer Wucht aus dem Auto gegen einen Baum geschleudert und erlag noch am Unfallort seinen schweren Verletzungen.

4 Bericht in der Lokalzeitung

Gefahren vermeiden im Straßenverkehr

Material C

Schutzmaßnahmen beim Radfahren

1 Verkehrssicheres Fahrrad
a ○ Trage in eine Tabelle ein, was zu einem verkehrssicheren Fahrrad gehört. → 1
b ◐ Gib in einer weiteren Tabellenspalte die Funktion des jeweiligen Teils an.
c ◐ Ist dein eigenes Fahrrad verkehrssicher? Vergleiche es mit dem Bild. → 1

2 Bremsen und Reifen
a ○ Erkundige dich in einer Fahrradwerkstatt, woran du verkehrssichere Bremsbeläge und Reifen erkennst. Berichte davon.
b ◐ Erkläre, welche Auswirkungen abgenutzte Reifen und Bremsen auf den Bremsweg haben.

3 ◐ Zum Thema „Sichtbarkeit im Straßenverkehr" hast du bereits einiges gelernt.
a Erkläre deinem Tischnachbarn die Begriffe „Reflektor" und „toter Winkel".
b Erkläre mit deinen Kenntnissen von der Ausbreitung des Lichts, warum man bei Nebel schlecht sieht.
c Motorradfahrer müssen auch tagsüber mit Licht fahren. Vermute einen Grund.

1 Verkehrssicheres Fahrrad und verkehrssicherer Radfahrer

4 Unterwegs auf dem Rad
a ◐ „Fußgänger und Radler sollten in der Dunkelheit helle Kleidung tragen!" Begründe die Aussage.
b ● Überzeuge einen Freund, davon, einen Fahrradhelm zu tragen. → 2

2 Fahrradhelm

5 ● Dein kleiner Bruder kommt im nächsten Jahr auch an deine Schule. Stelle Tipps für ihn zusammen, wie er Gefahren bei schlechten Sicht- und Straßenverhältnissen vermeiden kann.

Material D

Aufgepasst!

Radfahren kann gefährlich sein. Nicht nur ihr, auch andere Verkehrsteilnehmer können Fehler machen.

1 Gefahr für Radler! → 3 – 6
a ○ Beschreibt die Situationen.
b ◐ Erklärt jeweils, worin die Gefahr für den Radfahrer und für die anderen Verkehrsteilnehmer besteht.

2 ◐ Es ist wichtig, Gefahrensituationen schnell zu erkennen. Erkläre.

3 Habt ihr schon gefährliche Situationen im Straßenverkehr erlebt – mit dem Fahrrad oder zu Fuß?
a ○ Berichtet der Gruppe davon.
b ◐ Zeichnet die Situation in euer Heft.
c ● Wie habt ihr euch verhalten? Diskutiert und bewertet es in der Gruppe. Formuliert Tipps, wie sich andere in ähnlichen Situationen verhalten sollten.

183

Bewegung

Zusammenfassung

Geschwindigkeit • Die Geschwindigkeit gibt an, wie viel Weg in einer bestimmten Zeit zurückgelegt wird.
Geschwindigkeit = Weg : Zeit; $v = s : t$
Weg = Geschwindigkeit · Zeit; $s = v \cdot t$
Zeit = Weg : Geschwindigkeit; $t = s : v$

Wir geben die Geschwindigkeit in Metern pro Sekunde $\left(\frac{m}{s}\right)$ oder in Kilometern pro Stunde $\left(\frac{km}{h}\right)$ an.

Umrechnung: $1 \frac{m}{s} \xrightarrow{\cdot 3{,}6} = 3{,}6 \frac{km}{h}$

Gleichförmige Bewegung • Bei gleichförmigen Bewegungen bleibt die Geschwindigkeit gleich groß: → |1|
- 2-fache Zeit → 2-facher Weg
- 3-fache Zeit → 3-facher Weg

Im Diagramm liegen die Werte für Weg und Zeit auf einer Geraden durch den Nullpunkt. → |2|

|1| |2| Gleichförmige Bewegungen

Gas geben und bremsen • Viele Bewegungen sind nicht gleichförmig. → |3| Jede Änderung der Geschwindigkeit oder der Richtung wird durch eine Kraft auf den Gegenstand bewirkt. Im Diagramm ändert sich die Kurve. → |4|
Wenn ein Gegenstand schneller wird, sprechen wir von Beschleunigung. Wird er langsamer, sprechen wir von Verzögerung.

|3| |4| Das Auto fährt unterschiedlich schnell.

Anhalteweg • Der Anhalteweg setzt sich aus Reaktionsweg und Bremsweg zusammen:
- 2-fache Reaktionszeit oder Geschwindigkeit
  → 2-facher Reaktionsweg
- 2-fache Geschwindigkeit → 4-facher Bremsweg

Trägheit • Solange keine Kraft auf ihn einwirkt, bleibt jeder Gegenstand in Ruhe oder bewegt sich geradeaus mit unveränderter Geschwindigkeit weiter. → |5|
Je größer die Masse eines Gegenstands ist, desto träger ist er.

Straßenverkehr • Sicht- und Straßenverhältnisse haben großen Einfluss auf das Verhalten von Fahrzeugen im Straßenverkehr. Wer vorausschauend fährt und seine Geschwindigkeit der Situation anpasst, mindert die Gefahren.

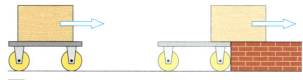

|5| Der Klotz ist träge, er rutscht weiter.

Teste dich! (Lösungen auf S. 191 f.)

Geschwindigkeit

1 Sara benötigt mit ihren Inlinern 200 s für die 800 m bis zum Sportplatz.
a ○ Berechne Saras Geschwindigkeit.
b ○ Sara fährt mit gleicher Geschwindigkeit weiter bis zum 640 m entfernten Supermarkt. Berechne, wie viel Zeit Sara dafür benötigt.
c ◐ Danach fährt sie noch 4 min bis nach Hause. Berechne ihren gesamten Weg.

2 Marina fährt mit dem Fahrrad 18 $\frac{km}{h}$ schnell. Felix sagt: „Da bin ich ja zu Fuß noch schneller! Ich bin 75 m in 15 s gelaufen."
◐ Rechne nach, ob Felix recht hat.
Tipp: Berechne zuerst seine Geschwindigkeit in $\frac{m}{s}$. Rechne dann in $\frac{km}{h}$ um.

Gleichförmige Bewegung – Gas geben und bremsen

3 ○ Nenne die gleichförmigen Bewegungen: Flugzeug in Reiseflughöhe, Sprung vom 3-m-Turm, Tanker in ruhiger See, Läufer beim Start, Auto in der Stadt.

4 Bewegung eines Radfahrers → 6
a ○ Ist die Bewegung gleichförmig? Begründe.
b ◐ Wie erkennst du im Diagramm, wann der Radfahrer schnell gefahren ist und wann langsam? Beschreibe es an Beispielen.

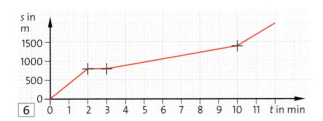
6

Anhalteweg – Trägheit – Straßenverkehr

5 Ein Auto fährt auf trockener Straße mit 40 $\frac{km}{h}$. Bei einer Vollbremsung beträgt sein Bremsweg 9 m.
a ○ Gib an, wie lang der Bremsweg bei 80 $\frac{km}{h}$ (und gleicher Bremskraft) ist:
9 m, 18 m, 27 m oder 36 m.
b ◐ Begründe deine Antwort.
c ◐ Berechne den Anhalteweg bei 40 $\frac{km}{h}$. Der Reaktionsweg beträgt 11 m.

6 An einem Wagen ist eine Metallkugel frei beweglich aufgehängt. → 7
○ Skizziere im Heft, wie die Kugel hängt, wenn
a der Wagen in Längsrichtung angestoßen wird,
b der Wagen gleichmäßig geradeaus geschoben wird,
c der rollende Wagen auf ein Hindernis prallt,
d der rollende Wagen nach links gelenkt wird.

7 ● Bei einem Crashtest fliegt der Dummy über das Auto. → 8 Erkläre.

Anhang

Verhalten im Fachraum

Beim Betreten

- Betritt den Fachraum nur mit der Lehrkraft.
- Befolge die Anweisungen der Lehrkraft.
- Nicht herumrennen oder schubsen!
- Lege nie Taschen und Jacken in Fluchtwegen ab.
- Nicht essen und trinken!

Beim Experimentieren

- Lies dir vor dem Versuch die Arbeitsanweisungen genau durch.
- Halte Ordnung und entferne unnötige Dinge vom Arbeitsplatz.
- Binde lange Haare zurück.
- Lege Schals und lose Kleidung ab.
- Trage eine Schutzbrille, wenn es gefordert wird.

Sicherheitseinrichtungen

 Fluchtweg

  Feuerlöscher, Löschdecke, Löschsand

 Notfalltelefon Augendusche

 Erste-Hilfe-Kasten Not-Aus-Schalter

- Fächle dir Gerüche vorsichtig zu.
- Richte die Öffnungen von Reagenzgläsern niemals auf dich oder andere Personen.

Im Notfall

- Drücke den Not-Aus-Schalter.
- Hole Hilfe.
- Hilf anderen Personen.
- Verlasse schnell den Raum über die Fluchtwege.

Arbeiten mit dem Gasbrenner

- Trage immer eine Schutzbrille.
- Lass offene Flammen nie unbeaufsichtigt.
- Schließe die Gas- und Luftzufuhr, wenn die Flamme des Brenners erlischt.
- Schließe bei Gasgeruch sofort den Gashahn. Informiere die Lehrkraft und öffne die Fenster.

Gasbrenner einschalten:
- Vorbereiten: Die Gaszufuhr und die Luftzufuhr müssen geschlossen sein. Überprüfe es! Verbinde den Brenner mit dem Gashahn am Tisch. Achte auf den sicheren Stand des Brenners.
- Entzünden: Öffne den Gashahn, indem du gleichzeitig drückst und drehst. Drehe dann die Gaszufuhr etwas auf. Entzünde sofort das ausströmende Gas: Die leuchtende Flamme entsteht.
- Einstellen: Öffne die Luftzufuhr. Die blaue Flamme nennt man „rauschende Flamme". Für eine größere Flamme drehst du die Gaszufuhr weiter auf.

Gasbrenner abschalten:
- Luftzufuhr schließen.
- Gaszufuhr schließen.
- Gashahn schließen.
- Schlauch entfernen.

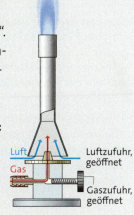
Luft, Gas, Luftzufuhr, geöffnet, Gaszufuhr, geöffnet

Gefahrstoffkennzeichnung

 Gefahr/Achtung: Stoffe und Gemische
- können sich selbst zersetzen
- können explodieren

 Gefahr/Achtung: Stoffe und Gemische
- sind entzündbar
- können sich selbst erhitzen
- entwickeln bei Berührung mit Wasser entzündbare Gase

 Gefahr/Achtung: Stoffe und Gemische haben brandfördernde Wirkung.

 Achtung: Stoffe und Gemische stehen unter Druck (gilt für Gase).

 Gefahr/Achtung: Stoffe und Gemische
- verursachen schwere Verätzungen der Haut
- verursachen schwere Augenschäden
- greifen Metalle an

 Gefahr: Stoffe und Gemische sind giftig und bereits in geringen Mengen lebensgefährlich.

 Achtung: Stoffe und Gemische
- sind gesundheitsschädlich
- verursachen Haut- und/oder Augenreizungen
- verursachen allergische Hautreaktionen
- verursachen Reizungen der Atemwege
- verursachen Schläfrigkeit und Benommenheit

 Gefahr/Achtung: Stoffe und Gemische
- können bei Verschlucken und Eindringen in die Atemwege tödlich sein
- können Organe schädigen
- können Krebs erzeugen
- können die Fruchtbarkeit beeinträchtigen
- können das Kind im Mutterleib schädigen
- können das Erbgut schädigen
- können beim Einatmen Allergien, asthmaartige Symptome oder Atembeschwerden verursachen

 Achtung: Stoffe und Gemische sind giftig für Wasserorganismen.

Teste dich! – Lösungen und Hilfestellungen

Wasser – Bedeutung und Eigenschaften – S. 40

1 Ein Mensch enthält bei einem Gewicht von 60 kg etwa 40 l Wasser.

2 Beispiel: duschen, Zähne putzen, Toilettenspülung betätigen, Geschirr spülen, Wäsche waschen, Wasser trinken, Nudeln kochen, Pflanzen gießen

3 Am Wasser: z. B. Stockente, Wasserspitzmaus, Libelle, Graureiher
Im Wasser: z. B. Fische (verschiedene Arten), Frösche, Krebse, Kaulquappen

4 Wasser ist für verschiedene Körperfunktionen wichtig, zum Beispiel für den Transport von Wärme und Nährstoffen und den Abtransport von Giftstoffen im Blut. Beim Schwitzen und Atmen sowie mit dem Urin verliert der Körper aber täglich viel Wasser. Wenn nicht gleich viel Wasser wieder zugeführt wird, können bald wichtige Körperfunktionen nicht mehr ausgeführt werden. Der Mensch stirbt dann nach wenigen Tagen.

5 Die goße Oberflächenspannung des Wassers ist dafür verantwortlich, dass die Büroklammer auf der Wasseroberfläche liegen kann.

6 a Auch wenn das Gewitter scheinbar noch weit vom Gewässer entfernt ist, verlasse ich das Wasser, so schnell es geht.
b Wasser leitet Elektrizität. Deswegen besteht auch Gefahr, wenn der Blitz in großer Entfernung ins Wasser einschlägt.

7 a Um möglichst viel Salz zu lösen, zerkleinere ich das Salz, rühre die Lösung um und erwärme sie.
b Um möglichst viel Kohlenstoffdioxid im Wasser zu lösen, kühle ich das Wasser ab, ohne dass es gefriert.

8 Fische atmen Sauerstoff, der im Wasser gelöst ist. Sauerstoff löst sich umso besser in Wasser, je kälter es ist. Kaltes Meerwasser enthält also mehr Sauerstoff und bietet eine bessere Lebensumgebung für Fische.

9 bei Zimmertemperatur gasförmig: z. B. Sauerstoff, Stickstoff
bei Zimmertemperatur flüssig: z. B. Alkohol, Quecksilber
bei Zimmertemperatur fest: z. B. Schwefel, Blei

10 Als Verdampfen bezeichnet man den Übergang eines Stoffs vom flüssigen in den gasförmigen Zustand. Den Übergang vom gasförmigen in den flüssigen Zustand bezeichnet man als Kondensieren.

11 Wasser für den Tee kocht: verdampfen.
Wasserpfütze gefriert: erstarren.
Morgentau bildet sich: kondensieren.
Eiszapfen „verschwindet": schmelzen.
Schokolade wird im Sonnenlicht weich: schmelzen.
Heißes Kerzenwachs wird fest: erstarren.

12 Wasserdampf: direkt über und in dem Teekessel (unsichtbar)
Flüssiges Wasser: Die Wolke über dem Teekessel besteht aus kleinen Wassertröpfchen.

13 a 1 – 22 °C, 2 – 15 °C, 3 – 4 °C
b 4 – 0 °C, 5 – 3 °C, 6 – 4 °C
c See im Sommer: Das Wasser wird an der Oberfläche erwärmt und dabei leichter. Kälteres Wasser sinkt nach unten. See im Winter: Wenn Wasser von 4 °C an der Oberfläche weiter abkühlt, wird es wieder leichter. Es liegt über dem Wasser von 4 °C. Wenn es sich weiter abkühlt, gefriert das Wasser an der Oberfläche zu Eis. Ganz unten im See befindet sich Wasser von 4 °C.

14 Im Wasser entstehen Gasblasen an den Polen. Die Gasblasen steigen nach oben und sammeln sich an den Polen. Am Minuspol entsteht doppelt so viel Gas wie am Pluspol.

15 Wasserstoff: Bild 6; Sauerstoff: Bild 7

16 Stoffe bestehen aus kleinsten Teilchen, den Atomen. Man kann sie nicht weiter teilen. Moleküle setzen sich aus zwei oder mehr Atomen zusammen.

17 Das Wassermolekül besteht aus 2 Atomen Wasserstoff und 1 Atom Sauerstoff. Da das Wassermolekül aus verschiedenen Atomsorten besteht, ist Wasser eine chemische Verbindung. Das Wasserstoffmolekül besteht nur aus einer Sorte von Atomen. Wasserstoff ist daher ein Element.

18 H ist das Elementsymbol für Wasserstoff, O ist das Elementsymbol für Sauerstoff. Die kleine 2 hinter dem H bedeutet, dass hier 2 Atome des Wasserstoffs vorhanden sind. Ein Molekül Wasser besteht also aus 2 Atomen Wasserstoff und einem Atom Sauerstoff.

19 1 – CO; 2 – N_2; 3 – SO_2

20 Die Lageenergie eines Gegenstands hängt davon ab, wie hoch er sich befindet und wie schwer er ist.

21 Siehe S. 39, Bild 12.

22 a Laufwasserkraftwerke befinden sich an den großen Flüssen in Bayern (z. B. Donau, Iller, Lech, Isar, Inn). Die Flüsse führen viel Wasser und können daher große Kraftwerke antreiben.
b Speicherkraftwerke befinden sich vor allem in den Alpen, da dort das Gefälle sehr groß ist und man in Tälern das Wasser gut aufstauen kann.

Lebensraum Gewässer – S. 75

1 Seen: mehr als 5 m tief; Weiher: höchstens 2 m tief; Tümpel: sehr flach, können zeitweise austrocknen; Teiche: künstlich angelegt, z. B. zur Fischzucht

2 A – Zellmembran, B – Zellkern, C – Zellplasma, D – Blattgrünkorn, E – Zellsaftraum, F – Zellwand

3 a Pflanzliche Zellen besitzen eine Zellwand: Bilder 8, 10, 11, 13, 16. Tierische Zellen besitzen keine Zellwand: Bilder 9, 12, 15. Das Pantoffeltierchen (Bild 14) ist ein einzelliges Lebewesen.
b Richtig, denn die Zelle enthält kein Zellplasma.

4 Pantoffeltierchen, Amöbe, Augentierchen

5 a
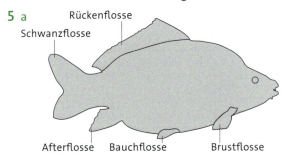

b Schwanzflosse – treibt den Fisch an, Bauch- und Brustflossen – dienen zum langsamen Schwimmen und zur Steuerung, Rücken- und Afterflosse – halten den Fisch stabil im Wasser und verhindern ein Umkippen zur Seite.

6 Fische sind gute Schwimmer, weil sie eine strömungsgünstige Spindelform haben. Der Körper ist an den Seiten abgeflacht und wird zum Schwanz hin immer schmaler. Diese Form ist beim Hecht am besten ausgeprägt, gefolgt vom Brachsen und der Scholle. Der Hecht ist daher der beste Schwimmer.

7 Einatmung: Die Kiemendeckel sind geschlossen. Die Fische saugen durch den Mund Wasser ein. Ausatmung: Der Mund ist geschlossen. Das Wasser wird an den Kiemenblättchen vorbeigeleitet. Dabei wird Sauerstoff aufgenommen. Durch die geöffneten Kiemendeckel strömt es wieder nach außen.

8 Algen → Schlammschnecke → Karpfen → Hecht → Mensch

9 Mögliche Ursachen für das Aussterben von Tier- und Pflanzenarten sind: Begradigung von Flüssen, Einleitung von Schadstoffen, Trockenlegung von Auen.

Stoffkreislauf und Boden – S. 107

1 Ein Ökosystem besteht aus einem Lebensraum sowie aus den Lebewesen, die darin leben. Die Lebewesen stehen untereinander und mit dem Lebensraum in Beziehungen.

2 Bild ähnlich Seite 79, Bild 4

3 a Die Fotosynthese kann ablaufen, wenn Sonnenlicht, grüner Blattfarbstoff, Wasser und Kohlenstoffdioxid vorhanden sind.
b Bei der Fotosynthese entstehen Kohlenhydrate (Traubenzucker und Stärke) und Sauerstoff.
c Strahlungsenergie der Sonne → Energiewandler Eichenblatt → chemische Energie
d Pflanzen bilden die Grundlage des Lebens auf der Erde. Menschen und Tiere ernähren sich von den Nährstoffen, die die Pflanzen durch Fotosynthese erzeugen. Außerdem könnten Menschen und Tiere auf der Erde nicht ohne den Sauerstoff leben, der als Abfall bei der Fotosynthese entsteht.

4 a Bild ähnlich Seite 87, Bild 5
b Grüne Pflanzen nennt man Erzeuger. Sie nutzen die Strahlungsenergie der Sonne, um mithilfe der Fotosynthese Nährstoffe zu erzeugen. Beispiel: In den grünen Blättern der Eiche werden durch Fotosynthese Kohlenhydrate erzeugt und in den Blättern und Eicheln gespeichert.
Die Verbraucher sind Lebewesen, die sich von den Nährstoffen der Pflanzen ernähren. Beispiel: Die Gelbhalsmaus frisst die Eicheln und die Eichenblätter.
Sowohl die liegen gebliebenen Blätter der Eiche als auch die Reste der Maus werden von den Zersetzern zerkleinert. Beispiel: Regenwürmer ernähren sich von den Blattresten, die Totengräber zersetzen tote Tierkörper. Die dabei entstehenden Mineralstoffe kann die Eiche über die Wurzeln aus dem Boden aufnehmen.

5 Humus wird im belebten Oberboden gebildet.

Teste dich! – Lösungen und Hilfestellungen

6 Regenwürmer lockern und durchlüften den Boden. Ihr Kot enthält viele Mineralstoffe, mit dem sie den Boden düngen. So sorgen die Regenwürmer für ein besseres Pflanzenwachstum.

7 Bild 5: Tiergruppe Ringelwürmer
Bild 6: Tiergruppe Spinnentiere
Bild 7: Tiergruppe Insekten

8 Bodenfunktionen: Lebensraum für Tiere, Wasserspeicher zum Hochwasserschutz und zur Trinkwassergewinnung, Grundlage der Ernährung durch den Anbau von Pflanzen, Lebensraum für Siedlungen und Verkehrsflächen, Lager für Rohstoffe

9 a Schwere Fahrzeuge wie Traktoren und Pistenfahrzeuge verdichten den Boden auf Feldern und Skihängen.
b Der verdichtete Boden kann kein Wasser mehr speichern. Infolgedessen wachsen auch keine Pflanzen mehr auf ihm.
c Schwere Fahrzeuge sollten möglichst wenig auf unbefestigten Böden eingesetzt werden. In Parks und im Wald soll nicht abseits von Wegen gelaufen oder Fahrrad gefahren werden.
d Mögliche Argumente zur Bewertung: Zeitersparnis, Zerstörung von Pflanzen, zunehmende Bodenverdichtung

Pubertät und vorgeburtliche Entwicklung – S. 133

1 Jungen – Veränderung im Körperbau (Körpergröße nimmt zu, Schultern werden breiter, Körper wird muskulöser); Schamhaare, Achselhaare und Barthaare wachsen; Stimme wird tiefer (Stimmbruch); Hoden bilden Spermienzellen.
Mädchen – Veränderungen im Körperbau (Längenwachstum, Becken wird breiter); Brüste wachsen; Schamhaare und Achselhaare wachsen; etwa einmal im Monat entwickelt sich eine Eizelle.

2 1 – Bläschendrüse, 2 – Vorsteherdrüse, 3 – Spermienleiter, 4 – Harn-Sperma-Röhre, 5 – Penis, 6 – Schwellkörper, 7 – Nebenhoden, 8 – Hoden, 9 – Vorhaut, 10 – Eichel, 11 – Hodensack

3 1 – Eileiter, 2 – Eierstock, 3 – Muttermund, 4 – Gebärmutter, 5 – Kitzler, 6 – Scheide, 7 – Schamlippe

4 Richtige Reihenfolge: b – d – a – c
b: Etwa einmal pro Monat entwickelt sich in einem Eierstock eine Eizelle.
d: Beim Eisprung wird die reife Eizelle in den Eileiter entlassen.
a: Die Eizelle wird in die Gebärmutter transportiert.
c: Findet keine Befruchtung statt, wird die Eizelle zusammen mit der Gebärmutterschleimhaut und etwas Blut durch die Scheide nach außen abgegeben.

5 Kondom: Es verhindert, dass Spermien in die Scheide der Frau gelangen.
Antibabypille: Sie enthält künstliche Hormone, die einen Eisprung verhindern.

6 Leon liegt mit seiner Einstellung zur Verhütung falsch. Bereits beim ersten Eisprung entstehen Eizellen, die befruchtet werden und zu einer Schwangerschaft führen können. Verhütung ist die Aufgabe beider Partner.

7 Eröffnung: Nach etwa 9 Monaten beginnt mit immer stärker werdenden Wehen der Geburtsvorgang.
Austreibung: Die Wehen treiben das Kind durch die Scheide nach außen.
Nach der Geburt: Das Neugeborene atmet selbstständig. Die Nabelschnur wird durchtrennt. Mutterkuchen, Fruchtblase und der Rest der Nabelschnur werden als Nachgeburt ausgestoßen.

8 Fruchtblase und Fruchtwasser schützen den Embryo vor Erschütterungen und halten ihn warm. Der Mutterkuchen versorgt über die Nabelschnur den Embryo mit Sauerstoff und Nährstoffen und transportiert Abfallstoffe ab.

Kraft und Arbeit – S. 160

1 Wirkung: Geschwindigkeit nimmt zu, Beispiel: Auto fährt an.
Wirkung: Geschwindigkeit nimmt ab, Beispiel: Auto bremst.
Wirkung: Geschwindigkeit ändert ihre Richtung, Beispiel: Fußball wird umgelenkt.
Wirkung: Gegenstand wird verformt, Beispiel: Eisenstange wird gebogen.

2 orangefarbener Kraftmesser: 0,9 N
gelber Kraftmesser: 25 N
blauer Kraftmesser: 8 N
grüner Kraftmesser: 16 N

3 Je größer die Masse eines Himmelskörpers ist, desto größer ist seine Gewichtskraft. Oder: Je kleiner die Masse eines Himmelskörpers ist, desto kleiner ist seine Gewichtskraft.

4 a Die Milchtüte wird auf der Erde mit einer Kraft von 10 N angezogen.
b Der Korb mit Äpfeln wird auf dem Mond mit 10 N angezogen.
c Die Milchtüte wird auf der Erde mit einer Kraft von 10 N angezogen, weil ihre Masse 1 kg beträgt. Der Korb mit Äpfeln wird auf dem Mond mit 10 N angezogen, weil 1 kg auf dem Mond mit 1,6 N angezogen werden und 6 kg mit dem Sechsfachen, also 10 N.

5 Beispiele: Reifen, Bremsen

6 Beispiele: Eishockey, Eislaufen, Curling

7 Man spricht in der Physik von Arbeit, wenn eine Kraft entlang eines Weges wirkt. Daher ist das Tragen von Wäschekörben Arbeit im physikalischen Sinn, die Tätigkeit am Schreibtisch jedoch nicht.

8 a Arbeit = Kraft mal Weg
Arbeit = 250 N · 30 m = 7500 Nm
Herr Schulze verrichtet eine Beschleunigungsarbeit von 7500 Nm (die Angabe zur Türhöhe wird nicht benötigt).
b Gewichtskraft je Kiste = 170 N
Arbeit = Kraft mal Weg
Arbeit = 340 N · 0,5 m = 170 Nm
Herr Schulze verrichtet beim Heben der Kisten insgesamt eine Arbeit von 170 Nm.

9 Man kann einen Griff der Zange mit einem Rohr verlängern, dann wirkt am Nagel eine größere Kraft.

10 Bremsgriff, Tretkurbel, Schnellspanner, Parkstütze, Lenker

11 a

b Wenn die Nuss weiter rechts liegt, wird es schwerer. Je länger der Lastarm bei gleichbleibendem Kraftarm ist, umso mehr Kraft muss zum Knacken der Nuss eingesetzt werden.

c Der obere Arm des Nussknackers wirkt als Hebel. Da der Kraftarm viel länger ist als der Lastarm, verstärkt er die Kraft der Hand. Man muss weniger Kraft ausüben, um die Nuss zu knacken.
d Der Kraftarm ist etwa 5-mal so lang wie der Lastarm. Die zum Knacken notwendige Kraft wird auf ein Fünftel verkleinert.

12 Der Vorteil ist: Zum Durchschneiden des Astes wird eine kleinere Kraft benötigt. Dabei verlängert sich der Weg, auf dem die Hände die Astschere zusammendrücken müssen. Das kann ein Nachteil sein, wenn z. B. in dichtem Gebüsch wenig Platz ist, um die Astschere weit zu öffnen.

13 a Zum Hochrollen des Fasses auf der Rampe wird weniger Kraft benötigt als zum Heben des Fasses.
b Die Kraft zum Heben des Fasses ist 4-mal so groß wie die Kraft zum Hochrollen, weil der Weg nur $\frac{1}{4}$ so lang ist.
c beim Heben: Kraft = 600 N
beim Hochrollen: Kraft = $\frac{1}{4}$ · 600 N = 150 N
d Arbeit = Kraft mal Weg
beim Heben: Arbeit = 600 N · 1 m = 600 Nm
beim Hochrollen: Arbeit = 150 N · 4 m = 600 Nm
In beiden Fällen wird gleich viel Arbeit verrichtet.

14 Physikalischer Grund: Auf dem direkten Aufstieg braucht man mehr Kraft als auf dem geschlängelten Weg. Es ist anstrengender.
Nicht physikalische Gründe: Der geschlängelte Weg ist sicherer. Man soll nicht abseits der Wanderwege gehen.

Bewegung – S. 185

1 a Gegeben: $s = 800$ m; $t = 200$ s
Gleichung: $v = s : t$
Rechnung: $v = 800$ m $: 200$ s $= 4 \frac{m}{s}$
Saras Geschwindigkeit beträgt $4 \frac{m}{s}$.
b Gegeben: $s = 640$ m; $v = 4 \frac{m}{s}$
Gleichung: $t = s : v$
Rechnung: $t = 640$ m $: 4 \frac{m}{s} = 160$ s
Sara braucht weitere 160 s bis zum Supermarkt.
c Gegeben: 4 min = 240 s
$t = 200$ s $+ 160$ s $+ 240$ s $= 600$ s;
$v = 4 \frac{m}{s}$
Gleichung: $s = v \cdot t$
Rechnung: $s = 4 \frac{m}{s} \cdot 600$ s $= 2400$ m
Sara hat insgesamt 2400 m zurückgelegt.

Teste dich! – Lösungen und Hilfestellungen

2 Gegeben: $s = 75\,\text{m}$, $t = 15\,\text{s}$
Gleichung: $v = s : t$
Rechnung: $v = 75\,\text{m} : 15\,\text{s} = 5\,\tfrac{\text{m}}{\text{s}} = 18\,\tfrac{\text{km}}{\text{h}}$

Felix hat nicht recht. Er ist nicht schneller als $18\,\tfrac{\text{km}}{\text{h}}$ gelaufen. Er war genauso schnell wie Marina mit dem Rad.

3 Gleichförmige Bewegungen: Flugzeug in Reiseflughöhe, Tanker in ruhiger See

4 a Die Bewegung ist nicht gleichförmig. Die Kurve im Diagramm ist keine Gerade, die Geschwindigkeit ändert sich mehrmals.
  b Je steiler die Kurve ansteigt, desto größer ist die Geschwindigkeit. Ab Minute 10 fährt der Radler viel schneller als zwischen Minute 3 und 10.

5 a Der Bremsweg beträgt 36 m.
  b Bei einer Geschwindigkeit von $40\,\tfrac{\text{km}}{\text{h}}$ beträgt der Bremsweg 9 m. Es gilt: Zweifache Geschwindigkeit – vierfacher Bremsweg. Bei der Geschwindigkeit von $2 \cdot 40\,\tfrac{\text{km}}{\text{h}} = 80\,\tfrac{\text{km}}{\text{h}}$ beträgt der Bremsweg also $4 \cdot 9\,\text{m} = 36\,\text{m}$.
  c Anhalteweg = Reaktionsweg plus Bremsweg
  Anhalteweg = 11 m + 9 m = 20 m
  Der Anhalteweg beträgt 20 m bei einer Geschwindigkeit von $40\,\tfrac{\text{km}}{\text{h}}$.

6 a Die Kugel schwingt nach hinten.
  b Die Kugel hängt gerade nach unten.
  c Die Kugel schwingt nach vorne.
  d Die Kugel schwingt nach rechts.

7 Der Motorroller prallt auf das Fahrzeug. Die Bewegung des Motorrollers wird dabei plötzlich verzögert. Der Dummy bewegt sich anfangs genauso schnell wie der Motorroller. Seine Bewegung wird aber nicht verzögert. Er behält seine ursprüngliche Geschwindigkeit bei und „fliegt" über das Auto.

Tabellen

Größe	Formelzeichen	Einheit		Weitere Einheiten		Beziehung	
Temperatur	T	Kelvin	K	Grad Celsius	°C	0 K	≙ −273,15 °C
						0 °C	≙ 273,15 K
Länge	l	Meter	m	Seemeile	sm	1 sm	= 1852 m
Flächeninhalt	A	Quadratmeter	m²	Hektar	ha	1 ha	= 10 000 m²
Volumen	V	Kubikmeter	m³	Liter	l	1 l	= 1 dm³ = 0,001 m³
Masse	m	Kilogramm	kg	Gramm	g	1 g	= 0,001 kg
				Tonne	t	1 t	= 1000 kg
Zeit	t	Sekunde	s	Minute	min	1 min	= 60 s
				Stunde	h	1 h	= 60 min = 3600 s
Kraft	F	Newton	N				
Arbeit	W	Joule	J	Newtonmeter	Nm	1 J	= 1 Nm
Geschwindigkeit	v	Meter pro Sekunde	$\frac{m}{s}$	Kilometer pro Stunde	$\frac{km}{h}$	$1 \frac{m}{s}$	$= 3,6 \frac{km}{h}$

1 Auswahl physikalischer Größen und ihrer Einheiten

Vorsatz	Mega-	Kilo-	Hekto-	Deka-	Dezi-	Zenti-	Milli-	Mikro-
Vorsatzzeichen	M	k	h	D	d	c	m	µ
Faktor	1 000 000	1000	100	10	$\frac{1}{10}$	$\frac{1}{100}$	$\frac{1}{1000}$	$\frac{1}{1\,000\,000}$

2 Vielfache und Teile von Einheiten

Stoff	Schmelztemperatur	Siedetemperatur
Alkohol	−114 °C	78 °C
Aluminium	660 °C	2450 °C
Blei	327 °C	1740 °C
Graphit	3730 °C	4830 °C
Gold	1063 °C	2970 °C
Iod	114 °C	183 °C
Kochsalz	800 °C	1465 °C
Paraffin	ca. 50 °C	230 °C
Quecksilber	−39 °C	357 °C
Sauerstoff	−219 °C	−183 °C
Schwefel	119 °C	445 °C
Stickstoff	−210 °C	−196 °C
Wasser	0 °C	100 °C
Zinn	232 °C	2350 °C

3 Schmelz- und Siedetemperaturen einiger Stoffe

Element	Symbol	Element	Symbol
Aluminium	Al	Kupfer	Cu
Blei	Pb	Lithium	Li
Bor	B	Magnesium	Mg
Brom	Br	Natrium	Na
Calcium	Ca	Quecksilber	Hg
Chlor	Cl	Sauerstoff	O
Eisen	Fe	Schwefel	S
Fluor	F	Silber	Ag
Gold	Au	Silicium	Si
Helium	He	Stickstoff	N
Iod	I	Titan	Ti
Kalium	K	Wasserstoff	H
Kohlenstoff	C	Zink	Zn
Krypton	Kr	Zinn	Sn

4 Chemische Elemente und ihre Symbole (Auswahl)

Nachweismethoden

Stoff (Stoffgruppe)	Nachweismethode	Versuchsbeschreibung
Eiweiße	Test mit Zitronensaft	**Materialliste:** Reagenzgläser, Pipette, Glasstab, Reibe **So gehst du vor:** • Verrühre die Nahrungsmittel mit etwas Wasser. Feste Nahrungsmittel reibst du vorher. • Fülle ein Reagenzglas 4 cm hoch mit dem Gemisch. • Gib 10 Tropfen Zitronensaft hinzu und rühre mit dem Glasstab um. **Ergebnis:** Eiweiße werden als weiße Schlieren sichtbar.
Fette	Fettfleckprobe	**Materialliste:** Filterpapier, Spritzflasche mit Wasser, Reibe, Haarföhn **So gehst du vor:** • Gib etwas von dem Nahrungsmittel auf ein Filterpapier und setze zum Vergleich einen Wassertropfen daneben. • Trockne das Blatt mit dem Föhn und halte es gegen das Licht. **Ergebnis:** Ein durchscheinender Fleck auf Papier zeigt Fett an.
Stärke	Test mit Iod-Kaliumiodid-Lösung	**Materialliste:** Filterpapier, Spritzflasche mit Wasser, Schutzbrille, Schutzhandschuhe, Pipette, Uhrglas, Iod-Kaliumiodid-Lösung (Achtung! ⚠) **So gehst du vor:** • Gib etwas von dem Nahrungsmittel auf ein Uhrglas. • Tropfe darauf mit der Pipette 2–3 Tropfen Iodlösung. **Achtung** • Die Iodlösung verursacht Hautreizungen. Schutzbrille und Schutzhandschuhe tragen! **Ergebnis:** Die Stärke wird durch eine blaue bis schwarze Verfärbung nachgewiesen.

Stoff (Stoffgruppe)	Nachweismethode	Versuchsbeschreibung
Traubenzucker	Test mit Traubenzuckerteststreifen	**Materialliste:** Spritzflasche mit Wasser, Traubenzuckerteststreifen aus der Apotheke, Reagenzgläser, Reibe, Reagenzglasständer, Papier **So gehst du vor:** • Reibe feste Nahrungsmittel und gib etwas Wasser zu. • Fülle damit ein Reagenzglas zur Hälfte. • Tauche anschließend kurz einen Teststreifen in das Reagenzglas. Lege ihn dann auf ein weißes Blatt Papier. **Ergebnis:** Wenn Traubenzucker in der Lösung ist, färbt sich die gelbe Zone in wenigen Sekunden über Grün zu Blau.
Wasserstoff	Knallgasprobe (Lehrerversuch)	**Materialliste:** Reagenzglas, Kerze, Streichhölzer, Schutzbrille **So geht man vor:** • Das Reagenzglas mit Wasserstoff wird mit dem Daumen verschlossen. • Der Daumen wird weggenommen und das Reagenzglas schnell an die Flamme gehalten. **Achtung** • Wasserstoff (Gefahr!) ist brennbar und bildet mit der Luft explosive Gemische. Schutzbrille tragen! **Ergebnis:** Wasserstoff verbrennt mit einem pfeifenden (wenig Luft im Gasgemisch) oder knallenden Geräusch (viel Luft im Gasgemisch). Im Reagenzglas sind Wassertröpfchen zu sehen.
Sauerstoff	Glimmspanprobe	**Materialliste:** Reagenzglas, Holzspan, Streichhölzer, Schutzbrille **So gehst du vor:** • Fülle das Gas in ein Reagenzglas. • Entzünde einen Holzspan. Lass ihn kurze Zeit brennen und blase ihn dann aus. • Führe den glimmenden Holzspan in die Öffnung des Reagenzglases. **Ergebnis:** Bei Anwesenheit von Sauerstoff glimmt der Span wieder auf.

Operatoren

In den meisten Aufgabenstellungen in diesem Buch gibt ein Verb an, was du tun sollst. Diese Verben werden auch als Operatoren bezeichnet. → [1]

Operator	Beispiel	Das sollst du tun:
Nenne Gib an	**Nenne** eine Sportart, bei der Reibung unerwünscht ist.	Notiere Namen oder Begriffe. Verwende Fachwörter.
Beschreibe	**Beschreibe** den schrittweisen Ablauf einer Geburt.	Formuliere etwas so genau und ausführlich mit Fachwörtern, dass ein anderer es sich gut vorstellen kann.
Erkläre	**Erkläre** mit der Goldenen Regel, warum das Heben mithilfe von Rampen so leicht ist.	Verstehe, wie etwas funktioniert oder aufgebaut ist. Führe die Funktionsweise und den Aufbau auf Regeln und Gesetze zurück.
Begründe	Zum Heckenschneiden steht eine Schere mit 30 cm und eine mit 60 cm Armlänge zur Verfügung. **Begründe** deine Auswahl.	Gib die wichtigen Gründe oder Ursachen an.
Erläutere	**Erläutere** die Bedeutung der Fotosynthese für das Leben auf der Erde.	Erkläre ausführlich anhand von einem oder mehreren Beispielen.
Vergleiche	**Vergleiche** die Werte der Arbeit bei unterschiedlichen Höhen.	Stelle Gemeinsamkeiten und Unterschiede z. B. in einer Tabelle dar.
Skizziere	Wie bewegen sich Stefan und Laura, wenn der Bus plötzlich nach rechts fährt? **Skizziere** es.	Fertige ein ganz einfaches Bild an, das auf den ersten Blick verständlich ist.
Zeichne	**Zeichne** ein Nahrungsnetz mit dem Luchs und seinen Beutetieren.	Gib dir Mühe, ein genaues und vollständiges Bild anzufertigen.
Berechne	Wie viel kg könntest du heben, wenn du stark wie eine Ameise wärst? **Berechne** es.	Stelle den Rechenweg dar und gib das Ergebnis an.
Ermittle Bestimme	**Ermittle** die Anordnung mit der größten und der kleinsten Reibungskraft.	Komme durch eine Rechnung, eine Zeichnung oder einen Versuch zu einem Ergebnis.
Untersuche	**Untersuche**, wie die Reibungskraft vom Reifenprofil abhängt.	Erforsche einen Zusammenhang mit einem oder mehreren Versuchen. Mache dir vorher einen Plan. Führe Protokoll.
Nimm Stellung Bewerte Beurteile	„Selbstbewusstes Auftreten kann man lernen." **Bewerte** diese Aussage.	Entscheide dich, ob du einer Aussage zustimmst oder sie ablehnst. Begründe dann deine Entscheidung. Führe sie auf Regeln und Gesetze zurück.

[1] Wichtige Operatoren im Natur-und-Technik-Unterricht und ihre Bedeutung

Stichwortverzeichnis

Hinweis: Fett gedruckte Begriffe sind Lernwörter.

A

Aal 61
Aaskugel 89
Adamsapfel 112
Aggregatzustand 18 f.
Aids 127
Airbag 179
Akne 113
Alchemisten 33
Allesfresser 61
Ameise 91, 93, 141
Amöbe 56 f.
Anhalteweg 174, 184
Antibabypille 124
Anziehungskraft 142 f.
Arbeit 146 f., 159
Artenschutz 71
Äsche 61
Assel 87, 93
Astschere 154, 156
Atom 30, 39
Aue 70
Auftrieb 63
Augentierchen 56 f.

B

Bach 44, 70
Bachflohkrebs 48
Bachforelle 58 f.
Bandfüßer 93
Bauchsaibling 61
Befruchtung 120 f., 132
Beinuhr 93
Beispielrechnungen
 • Anhalteweg 168, 175
 • Arbeit 147
 • Bremsweg 168, 175
 • Geschwindigkeit 165 f., 168
 • Mittelwert 166
 • Reaktionsweg 168, 175
 • Zeit 168
belebter Oberboden 96
Beobachtungsbogen 94
Beratung
 • Schwangerschaft 126
 • sexuelle Belästigung/ Gewalt 128 f.

Berggang 157
Beschleunigung 136, 158, 170, 184
 • positive/negative 170
Beschleunigungsarbeit 146
Bestimmungsschlüssel Gewässergüte 49
Bewegung 164, 184
 • gleichförmige 170 f., 184
Bewegungsenergie 35
Biotop 45
Biotopschutz 71
Blattgrünkorn 50 f., 56, 82
Blattlaus 93
Boden 90, 96, 98 f., 106
 • belebter/verwitterter 96
Bodenarten 101
Bodenaufbau 106
Bodenlebewesen 90 f., 96, 98, 106
Bodennutzung 98 ff.
Bodenprofil 97
Bodenschadstoffe 103, 105
Bodenschichten 96 f.
Bodenschutzregeln 103
Bodenspinne 93
Bodenverdichtung 102
Bodenversiegelung 102
Bohrstock 97
Bremsweg 174, 180, 184
Brennstoffzelle 29
Buchfink 81

C

Celsiusskala 17
Chemische Formelsprache 32 f., 39
chemisches Element 32, 39, 193
chemisches Symbol 32, 193
Containerkran 141
Crashtest 179

D

Dottersack 59
Drehpunkt 152
Düngung 103

E

Eichel 82 f.
Eichelhäher 80 f.
Eichhörnchen 81, 86

Eierstock 116 f.
Eileiter 116 f.
Einheiten 193
Einheitenumrechnung 165
Einnistung 121
einseitiger Hebel 151 f.
Eintagsfliegenlarve 47 ff.
Einzeller 56, 74
Eis 18 f., 22 f., 25
Eisprung 117
Eisvogel 66
Eiweißnachweis 194
Eizelle 116 f., 120 f.
elektrische Energie 35 f.
elektrischer Leiter 17
Element 30, 32, 39, 193
Elementsymbol 32
Embryo 120 f.
 • Wachstum 123
Empfängnisverhütung 124, 132
Energie 9, 35, 82 f.
Energieformen 34
Energiegewinnung 34
Energieträger 29, 36
Energieumwandlung 35, 39
Entsalzung 12
Erbsenmuschel 48
Erdläufer 93
Erektion 113
erneuerbare Energiequelle 34, 36
Erosion 102
Erstarren 18 f.
Erwachsenwerden 110, 113, 116
Erzeuger 86 f.
Experimentieren 186

F

Fachraum 186
Fahrrad 182
Fahrradgangschaltung 155, 157
Fahrradtacho 167
Feigwarzen 127
Fertigpräparat 52 f.
feste Rolle 157
Fettnachweis 194
Fetus 121
Feuerwanze 93
Fische 58 ff., 74

 • Atmung 61
 • fortpflanzung 59
 • Orientierung 60
Fischegel 47
Fischskelett 58
Fischtreppe 37
Flaschenzug 157
Fliegenlarve 93
Fließgeschwindigkeit 45 f.
Fließgewässer 44 f., 48, 70, 74
Fließgewässergüteklassen 48
Flossen 58 f.
Fluss 44 f., 70 f.
Flussabschnitte 45
Flussbarsch 61
Flussbegradigung 70 f.
Flussnapfschnecke 47
Formel 32
Formelsprache 32 f., 39
Fotosynthese 82 f., 106
 • Wortgleichung 82
Fraßspur 80
Friedfische 61, 69
Frostsprengung 97
Fruchtblase 121
Fuchs 78

G

Gasbrenner 187
Gase 28
 • Löslichkeit 16
 • Nachweismethoden 28
Gebärmutter 116 f., 121
Geburt 121, 132
Geburtseröffnung/ -austreibung 121
Gefahrstoffkennzeichnung 187
Gelbhalsmaus 78 ff.
Gelbrandkäfer 68
Geschlechtsorgane
 • äußere/innere 116
 • männliche 113, 132
 • weibliche 116, 132
Geschlechtsreife 113, 117
Geschlechtsverkehr 120, 124 f., 127
Geschwindigkeit 164 f., 167, 174, 184
 • gleichbleibende 170
 • in Natur und Alltag 168

Stichwortverzeichnis

Geschwindigkeitsänderung 170 f.
Geschwindigkeitsberechnung 168
Gestein 96
Gewässer 44 f., 48 f., 66 f., 70 f., 74
- Nahrungsbeziehungen 66 f.
- natürliche 44
- Umweltfaktoren 44 f.

Gewässerbelastung 71
Gewässergüte 45, 48 (Methode)
- Bestimmungsschlüssel 49

Gewässernutzung 70
Gewässerschutz 71
Gewichtskraft 142 f., 158
- ortsabhängige 142 f.

Gewitter 17
gleichbleibende Geschwindigkeit 170
gleichförmige Bewegung 170 f., 184
Glimmspanprobe 27 f., 39
Glockentierchen 56 f.
Goldene Regel der Mechanik 154 f., 159
Graureiher 68
Großer Puppenräuber 81
Grünalge 56, 68
grüner Blattfarbstoff 82
Grüner Eichenwickler 81

H
Hakenkäfer 47, 49
Haselmaus 80 f.
Haselnussbohrer 80
Haselstrauch 80
Hebel 151 ff., 158 f.
- Drehpunkt 151 f.
- einseitiger/zweiseitiger 151 f.
- Kraftarm/Lastarm 152
- Kräfte 152
- runder 153

Hebelzange 153
Hecht 62 f., 69
Heuaufguss 57
Heutierchen 57
Hochwasserschutz 98

Hoden 113
Hodensack 113
Hormon 110
Hubarbeit 146
Humus 96, 98
Hygiene 113, 115, 117, 132

I
Insekten 93
Intimhygiene 115, 117

J
Joule (J) 146 f., 159
Jungfernhäutchen 116

K
Karpfen 68 f., 74
Kennübung Bodenlebewesen 91
Kiemen 62
Kiemenatmung 62
Kiemenblättchen 62
Kiemendeckel 62
Kiemenmodell 64
Kinderschutzbund 129
Kitzler 116
Knallgasprobe 27 f., 39
Köcherfliegenlarve 47 ff.
Kohlenhydrat 82 f.
Kohlenstoffdioxid 82 f.
Kondensieren 19
Kondom 124 f., 127
Körperbehaarung 112
Körperhygiene 113, 117
Kraft 136
- ortsabhängige 142, 158

Kraftarm 151 f., 159
Kraftmesser 138 f.
Kraftmessung 138 f., 141, 158
Kraftmessung (Methode) 139
Kraftpfeil 138
Kraftwerkstypen 35
Kraftwirkung 136, 158 f.

L
Lageenergie 34 f., 147
Laich 59
Lastarm 151 f.
Laubstreu 96
Laufkäfer 93
Laufwasserkraftwerk 35
Lebensmittel Wasser 8

Lehmboden 101
Leitfähigkeit 17
Lichtenergie 82 f.
Lichtmikroskop 52
Liniendiagramm (Methode) 21
lose Rolle 157
Lösemittel Wasser 16
Lösevorgang 16

M
Masse 142, 158, 178
Maulwurf 98
Maus 78
Menstruation 117, 132
Menstruationsbeschwerden 117
Menstruationskreislauf 117
Methoden
- Die Gewässergüte bestimmen 48
- Ein Liniendiagramm zeichnen 21
- Kräfte messen mit dem Kraftmesser 139
- Mikroskopieren 52 f.
- Tiere beobachten 94

Mikroskopieren (Methode) 52 ff.
Mineralstoffe 87
Mistkäfer 91, 93
Mittellauf 45 f., 71
Modell 55
Molekül 30 f., 39
Mühlkoppe 47
Mündung 45 f.
Mutterkuchen 121
Mützenschnecke 48

N
Nabelschnur 121
Nachweismethoden 194 f.
Nackenstütze 179
Nadelstreu 96
Nährstoffspeicherung 83
Nahrungsbeziehungen 66, 74, 106
Nahrungskette 66, 74, 79
Nahrungsmittel, Wassergehalt 10
Nahrungsnetz 67, 74, 79
Nasenmuschel 49

natürliche Gewässer 44
Newton (N) 138, 158
Newton, Isaac 142 f.
Newtonmeter (Nm) 146 f., 159
Notfall 186

O
Oberflächenspannung 17
Oberlauf 45 f.
Objekt 52 f.
Ohrwurm 91, 93
Ökosystem 78
Operatoren 196

P
Pantoffeltierchen 56 f., 74
Penis 113
Periode 117
Pflanzenzelle 50 f., 74
physikalische Größen 193
Pilzerkrankung 127
Projekt Bachpatenschaft 73
Pseudoskorpion 91, 93
Pubertät 110 ff., 116, 132

Q
Quelle 45 f.
Quellmoos 46

R
Rakete 29
Rampe 154 f., 159
Rasengitterstein 102
Rattenschwanzlarve 48 f.
Räuber-Beute-Modell 67
Raubfische 61, 69
Raubmilbe 93
Reaktionsweg 174, 184
Reaktionszeit 174 f.
Recyclingprozess 87, 89
Regel 117
Regelkalender 119
Regenwurm 87, 90 f., 93
Reibungskraft 144 f., 158
Reifenlabel 145
Reifezeit 110
Reinstoffe 29 f., 39
Renaturierung 72
Renke 61
Richtungsänderung 184
Ringelwürmer 90 f.

Rohstoffe 99
Rolle 157
Rollegel 48 f.
Rotfuchs 78

S
Saftkugler 91, 93
Salzwasser 12
Samenerguss 113
Sandboden 101
Sauerstoff 28, 30, 82 f.
Sauerstoffgehalt 45 f.
Sauerstoffnachweis 27, 195
Schamlippen 116
Scheide 116
Schlagloch 25
Schlammfliegenlarve 49
Schlammröhrenwurm 48 f.
Schlammschnecke 68
Schleie 61
Schmelzen 18 f.
Schmelztemperatur 17 ff., 193
Schnecke 94
Schnellgang 157
Schnirkelschnecke 93
Schnurfüßer 91, 93
Schraubenfeder 138 f.
Schraubenfederdehnung 139, 158
Schuppenhaut 59
Schutzhelm 180
Schwangerschaft 121 f., 132
  • ungewollte 124
Schwangerschaftsberatung 126
Schwangerschaftstest 126
Schweben 63
Schwimmblase 63, 74
See 44
  • Wassertemperaturen 22 f.
Seitenlinienorgan 59 f.
Serpentine 155
sexuell übertragbare Krankheit 127
sexuelle Belästigung/ Gewalt 128
Sicherheitsgurt 179
Sicherheitshinweise 186
Siedetemperatur 17 ff., 193
Spaltöffnung 82 f.
Speicherkraftwerk 35

Speicherorgane 83
Speisefische 61, 69
Sperma 113
Spermienzelle 113, 120 f.
Spindelform 58
Spinnentiere 91, 93
Sprengkraft 25
Springschwanz 87, 93
Stärke 82 f.
Stärkenachweis 194
stehende Gewässer 44, 74
Steinfliegenlarve 48 f.
Steinläufer 91, 93
Stimmbruch 112
Stoffe 39
  • Löslichkeit 16
Stoffgemisch 39
Stoffkreislauf 87, 106
Straßenverkehr 144, 180, 184
Streu 96
Streusalz 105
Strom 44
Strömung 47
Strudelwurm 48 f.
Süßwasser 9, 11
Süßwasserfische 61
Symbol, chemisches 32, 193
Syphilis 127

T
Teich 44
  • Nahrungskette 66
  • Nahrungsnetz 67
Teichfrosch 68
Teichmolch 68
Teilchenmodell, Aggregatzustände 19
Telefonseelsorge 129
Tierbeobachtung (Methode) 94
Tierzelle 50 f.
Tonboden 101
Totengräber 87, 89
Trägheit 178, 180, 184
Transportmittel Wasser 8 f.
Traubenzucker 82 f.
Traubenzuckernachweis 195
Trinkwassergewinnung 12, 98
Trompetentierchen 56 f.
Tümpel 44

U
U-Boot 65
Umlenken 136, 158
Umweltfaktoren 44 f.
Unterlauf 45 f., 71
Ursprungsgerade 171

V
Verbindung 30, 32, 39
Verbraucher 86 f.
Verdampfen 19
Verformen 136, 158
Verhütungsmittel 124
verkehrssicheres Fahrrad 182
Verrottung 97
verwitterter Unterboden 96
Verwitterung 96
Verzögern 136, 158
Verzögerung 170, 184
„virtuelles Wasser" 8, 13
Vorsorgeuntersuchung 126

W
Wald
  • Nahrungsbeziehungen 106
  • Nahrungskette 79
  • Nahrungsnetz 79
  • Stoffkreislauf 106
Waldkauz 81
Wasser 9, 38
  • Anomalie 38
  • Eigenschaften 16 ff., 38
  • Energiequelle 34
  • gefrierendes 25
  • Verbrauch 8, 11, 13
  • Verteilung 12
  • virtuelles 8, 13
  • Zustandsänderung 18
Wasserassel 48
Wasserdampf 18 f.
Wasserhahnenfuß 46
Wasserkraftwerk 34 ff., 39, 70
  • Energieumwandlung 35, 39
  • Umweltgefahren 37
Wasserkreislauf 34
Wasserlebewesen 58
Wassermangel 12
Wasserpest 50, 66
Wasserqualität 48

Wasserspeicher 44
Wasserspitzmaus 68
Wasserstoff 28 ff.
Wasserstoffauto 29
Wasserstoffnachweis 27, 195
Wassertemperatur 22
Wasservorkommen (Erde) 12
Wasserzersetzung 28, 39
Weberknecht 93
Wechseltierchen 56
Wegberechnung 168, 175
Weg-Zeit-Diagramm 170 ff.
Wehe 121
Weiher 44
Wels 61
Wildschwein 81
Wimper 56
Winkelhebel 153
Wurzel 83
Wurzelsprengung 97

Z
Zander 61
Zecke 93
Zeigerarten 74
Zeigertierchen 45, 47 ff.
Zeitberechnung 168
Zelle 50 f., 74
Zellhaufen 120 f.
Zellkern 50 f.
Zellmembran 50 f.
Zellmund 56
Zellplasma 51
Zellsaftraum 51
Zellwand 51
Zersetzer 86 f., 90
Zersetzung 96
Zuckmückenlarve 48 f.
Zustandsänderung 18 f.
zweiseitiger Hebel 151 f.
Zwergfüßer 93

Bild- und Textquellenverzeichnis

action press/imagebroker.com: 47/9, 91/5 | Agentur Focus/SPL/NEIL BROMHALL: 121/5 | Bildarchiv Boden-Landwirtschaft-Umwelt/ Dr. Ehrmann, O.Dr. Otto Ehrmann: 101/3, 101/5, 101/7 | blickwinkel/A. Hartl: 11/8, S61/4-10, 69/3, 69/5, Benny Trapp: 11/7, Clemens Stenner: 101/4, Frank Hecker Naturfotografie: 43/r., 47/7, 47/11, 91/3, 91/6, G. Fischer: 12/3, H Pieper: 86/3, H. Schmidbauer: 14/1, 77/r., 91/9, Hecker/Sauer: 47/10, 89/3, 91/4, Hippocampus-Bildarchiv/Frank Teigler: 91/10, 94/1, Holger Duty: 77/l., INSADCO/Bilderbox: 127/3, 13/6, J. Kottmann: 91/7, K. Wothe: 43/l., M. Lenke: 91/8, McPHOTO: 11/5, Ralph Sturm; Rain: 11/6, Derder: 102/3, W. Buchhorn/F. Hecker: 78/1 | Cornelsen Verlag: 19/5, 22/2, 22/3, 22/4, 38/7, 45/4, 186/l. | Cornelsen/Boris Mahler: 16/4 | Cornelsen/Detlef Seidensticker: 27/3, 4, 39/8, 195/M. | Cornelsen/diGraph Medien-Service: 80/2 | Cornelsen/Esther Gollan: 60/2a-2d, 125/5 bis 8, 194/M. | Cornelsen/Marina Goldberg: 26/M. l., 27/u. l., 28/Abb. 2, 41/6, 41/7, 95/u. l., 187/rechte Spalte, 194/u. r., 195/M. r. | Cornelsen/Markus Gaa: 64/2 | Cornelsen/Matthias Pflügner: 30/1, 32/1, 73/6, 73/7, 103/7, 105/9, 105/10, 110/2, 123/4, 129/2, 129/4, 130/1, 131/3, 136/2, 142/4, 143/6, 146/1, 150/1, 154/1, 157/7, 158/1, 160/3, 174/1, 178/2, 180/1, 186/r. o., 186/r. u., 186/M. | Cornelsen/Rainer Götze: 8/2, 8/3, 10/3, 11/10, 12/2, 13/5, 14/2, 14/4, 16/1, 16/5, 18/4, 20/2, 21/4, 23/5, 23/6, 24/1, 24/2, 25/4-7, 26/2, 27/5, 6, 29/3, 30/2, 30/3, 31/4, 31/5, 31/6, 31/7, 32/3, 33/4, 33/5, 33/6, 33/7, 33/8, 33/9, 33/10, 33/12, 33/11, 34/2, 34/3, 35/4, 36/2, 37/3, 38/1, 38/2-6, 39/9-11, 40/2, 41/4, 41/5, 41/8, 46/1, 46/2, 46/3, 63/5, 64/1, 119/4 und 5, 122/2, 123/3, 130/2, 137/11, 138/2-4, 139/5, 139/6, 139/7, 140/1-3, 142/2, 142/3, 143/5, 144/3, 145/5, 145/6, 146/2, 146/3, 147/5, 148/1-4, 150/2, 150/3, 151/4, 151/6, 152/1, 152/2, 153/3, 153 4, 153/5, 154/2, 154/3, 156/1-3, 156/6, 157/8 bis 11, 158/2-6, 159/7, 8, 9, 10, 160/ 160/2, 161/4, 161/6, 161/7, 164/2, 164/3, 167/6, 168/2, 168/4, 170/2, 171/6, 172/1, 172/6, 173/7, 173/10, 174/2, 175/4, 175/6, 176/2, 176/3, 177/4, 177/6, 179/5-8, 181/3, 182/1, 182/2, 184/2, 184/4, 184/5, 185/6, 185/7, 186/l. u., 187/l., 194/o., 195/u., 195/o. | Cornelsen/Robert Fontner-Forget: 88/2, 95/4, 112/2, 119/3 | Cornelsen/Tobias Dahmen, Utrecht/NL: 164/1, 168/1, 170/1, 178/3, 183/3, 183/1, 183/4, 183/6 | Cornelsen/Tobias Dahmen, Utrecht/NL/, Matthias Pflügner, Berlin: 178/1 | Cornelsen/Tom Menzel: 45/3, 48/1, 49/2, 51/4, 53/3-5, 54/1-6, 56/2, 57/3-5, 58/3, 59/4, 60/3, 60/11, 64/3, 65/5, 66/2, 67/3, 67/4, 68/2, 69/4, 72/1, 72/2, 72/3, 72/4, 72/5, 74/3, 74/4, 74/6, 75/7, 75/8 bis 1, 78/2, 79/5, 81/7, 82/2, 83/3, 84/1-4, 85/5, 85/6, 87/5, 88/1, 89/4, 89/5, 93/4, 95/2, 95/3, 96/1, 97/4, 104/1, 105/8, 106/1-4, 113/4, 114/1 bis 4, 115/5, 116/2, 117, 118/1, 121/6 und 7, 122/1, 132/1-5, 194/u. | Cornelsen/Volker Döring: 17/7, 36/1, 40/1 | Cornelsen/Volker Minkus: 55/10, 115/7, 116/1, 118/2, 128/1 | Cornelsen/Wolfgang Schulz-Heidorf, Teltow: 16/3, 52/2, 90/1, 92/1, 92/2, 97/2, 107/8, 153/6, 153/8 | ddp images: 37/4, 55/8, 104/7, Picture Press: 141, 4 | Deutsche Bahn AG/Uwe Miethe: 169/13 | diGraph Medien-Service Maryse Forget & Robert Fontner-Forget: 58/2, 62/3, 65/4, 74/5, 75/18, 189/5a | Flonline/Marko König Imagebroker RM: 80/5 | FOTOFINDER.COM/Biosphoto: 12/4, Christophe Suarez/Biosphoto: 17/6, Design Pics/images.de: 109/r. | Fotolia/Africa Studio: 8/i, 8/h, 109/l., Alexander Rochau: 149/7, alma_sacra 5313185: 149/6, ammitmedia@ymail.com: 149/8, Andrea Izzotti: 11/4, Andreas Keudel © ISO K° - photography: 112/3, Arina Photography: 112/1, ARochau: 70/3, AUDRUS MERFELDAS WWW.AMPHOTO.LT: 166/1, Bjoern Wylezich: 103/6c, Blazej Lyjak: 153/7, blende11.photo: 103/6a, boxparacorreo@gmail.com: 169/12, candy1812: 144/1, contrastwerkstatt: 8/d, Daniel Jedzura: 180/2, farbkombinat: 104/2, fotogestoeber: 103/6b, gstalker88: 107/7, Gundolf Renze: 165/5, Hans und Christa Ede: 44/2, 74/2, Heike Herden: 126/1, industrieblick: 149/9, 163/r., Irina K.: 101/6, Jürgen Fälchle: 184/1, konradbak: 179/4, lester120: 115/6 , Manfred Ruckszio: 107/6, Martina Berg: 11/9, Masson: 124/1, Michael Jäger, Düsseldorf 2016 - mitifoto: 184/3, mma23: 70/5, paul: 44/1, . 74/1, Philipp Schilli: 144/4, Photo 5000: 103/5, 104/6, PhotographyByMK: 124/2, PictureFactory: 8/c, 8/g, R.-Andreas Klein: 107/5, Ralf Gosch: 172/5, reasti: 102/4, Robert Kneschke: 137/9, Robert Schneider: 172/2, Ruud Morijn: 98/3, santia3: 98/1, Sasin Tipchai: 135/l., Schulz Foto Gbr: 99/4, sebra: 8/a, Sergiy Serdyuk: 8/j, starkovphoto: 8/f, Stu Porter Photography: 169/9, vitaliy_melnik: 104/3, WavebreakMediaMicro: 169/10, www.schurr-fotografie.de: 149/10, 172/4, zhukovvvlad: 149/5, Zoja: 8/b | Glow Images: 5/o., 134, Glow Images/Imagebroker: 101/8, 177/5 | Image Source/Fstop: 185/8 | imagebroker.com: 34/11 | imago: 135/r., 136/1, 137/6, 7, 176/1, imago sportfotodienst: 138/1, imago sportfotodienst/Schiffmann: 146/1, imago stock&people: 47/8, 99/5, 110/1, 111/3-5, imago stock&people/Westend61: 70/6, blickwinkel: 58/1, 86/4, CHROMORANGE: 104/4, imago/imagebroker: 126/2, Jürgen Heinrich: 98/2, Ulmer: 5/u., 162, Westend61: 3/o., 6, 137/4, 163/l. | Juniors Bildarchiv/J.-L. Klein & M.-L. Hubert: 169/8, juniors@wildlife/Harms, D: 62/2, juniors@wildlife/Usher, R.: 86/2 | laif/Michael Lange: 141/5 | Look/Minden Pictures: 7/l. | mauritius images: 120/2, Mauritius Images/Alamy/Colin Varndell: 78/3, ACE: 12/1, mauritius images/age fotostock/Melba: 51/5, mauritius images/age: 18/2, 40/3, Cover S.1, age fotostock/Antonio Lopez Rom?n: 55/7, age/Joana Kruse: 156/5, Alamy: 70/2, 71/8, 80/3, Alamy/MediaWorldImages: 137/3, Alamy/NASA Photo: 169/11, Alamy/Chris Howes/Wild Places Photography: 102/1, Alamy/tbkmedia.de: 82/1, David & Micha Sheldon: 9/4, 86/1, imageBroker/Bahnmueller: 70/4, Ludwig Mallaun: 70/1, Matthias Pinn: 71/7, Mito Images/Robert Niedring: 167/4, Peter Lehner: 9/6, Reinhard Eisele: 155/5, Science Source/Biophoto Associates: 120/4, United Archives: 29/4, imagebroker.com: 9/5, Westend61: 100/1-2 | Meyer, L., Potsdam: 167/5 | Mikroskope Beyersdörfer: 52/1 | NASA/Lunar and Planetary Institute/Houston Texas: 142/1 | Okapia/Allan Hartley/Latitude Stock: 25/3, Andreas Hartl: 62/1, BIOS/F.Gilson: I (Cover), Christen: 61/11, Herbert Schwind: 35/5, Holt Studios/Nigel Cattlin: 50/1, ISM/J.C. RVàvy: 50/3, NAS/GIPhotostock: 26/1, Norbert Lange: 63/4 | PantherMedia/Daniel Loretto: 137/8, Volodymyr Melnyk: 137/5 | Photoshot/NHPA: 137/10 | picture alliance/Arco Images GmbH: 46/5, 111/6, Denkou Images GmbH: 4/u., 108, dpa: 155/4, OKAPIA KG Germany: 80/6, OKAPIA/Manfred Danegger, Ge: 4/o., 76, OKAPIA/Manfred P.Kage: 113/5, Olende Schall/HELGA LADE: 18/3, Sueddeutsche Zeitung Photo: 37/6, Wolfgang Pölzer/WaterFrame: 22/1, WILDLIFE: 80/4, ZB: 104/5 | Picture-Factory: 8/e | Rainer Götze, Berlin: 143/5, 194/o., 195/o. | „Rainer Götze, Berlin (Zeichnung), Fotolia/awfoto (Foto): 161/5, 191 | Schapowalow: 23/7 | Science Photo Library/ALFRED PASIEKA: 50/2, DR DAVID PATTERSON: 56/1, DR YORGOS NIKAS: 120/3, Kallista Images/Custom Medical Stock Photo: 7/r., MICHAEL EICHELBERGER, VISUALS UNLIMITED: 55/9, PASCAL GOETGHELUCK: 116/3, Scimat: 144/2, TREVOR CLIFFORD PHOTOGRAPHY: 28/1 | Shutterstock/Marbury: 102/2, mimagephotography: 172/3, Pavel1964: 155/4 | sofarobotnik, Augsburg: 1, 2 | TopicMedia/PPA/IMAGEBROKER: 120/1 | Visum/Woodfall: 66/1 | WILDLIFE/D. Harms: 46/4, G.Delpho: 71/9, G.Lacz: 3/u., 42, W. Fiedler: 47/6 | Shutterstock/Blue Lemon Photo: 18/1, YourPhotoToday/BSIP: 111/7

Experimentiergeräte

Reagenzglas	Verbrennungslöffel 	Tropfpipette 
Spatellöffel	Becherglas	Erlenmeyerkolben
Messzylinder	Kolbenprober	Reagenzglas mit seitlichem Ansatz
Reagenzglashalter	Porzellantiegel	Gasbrenner
Uhrglasschale	Abdampfschale	Reibschale mit Pistill
Petrischale	Dreifuß mit Keramikdrahtnetz	